El Evangelio del domingo

EL EVANGELIO DEL DOMINGO

Comentado por el Santo Padre Francisco

Ciclo dominical y festivo del año A

Pierluigi Banna e Isacco Pagani (eds.)

Planeta

Título original: *Il Vangelo della domenica*

Publicado por Mondadori bajo el sello de Rizzoli

Av. Diagonal, 662-664, 08034 Barcelona
www.editorial.planeta.es
www.planetadelibros.com

Primera edición: febrero de 2021
Depósito legal: B. 876-2021
ISBN: 978-84-08-23868-3
Preimpresión: Realización Planeta
Impresión: Unigraf
Printed in Spain – Impreso en España

El papel utilizado para la impresión de este libro está calificado como **papel ecológico** y procede de bosques gestionados de manera **sostenible**

Índice

Nota de los editores

El siguiente texto reúne las reflexiones del papa Francisco acerca de los Evangelios dominicales y festivos del Año A, sobre todo las pronunciadas durante la cita dominical del ángelus y algunas homilías. Hemos creído conveniente acompañar las reflexiones del Santo Padre con breves fragmentos de los padres de la Iglesia, maestros de los primeros cristianos, que invitan a meditar y profundizar en las palabras del papa Francisco. El libro cuenta con varios índices (de las fuentes papales, de las fechas de las festividades* y de los textos evangélicos y patrísticos) para facilitar su consulta.

Pierluigi Banna
Isacco Pagani

* Las fechas de las festividades listadas corresponden a los próximos tres años A del calendario litúrgico *(N. del E.)*.

Nota de los editores

Introducción

La eucaristía es el *corazón* de la Iglesia. Es esencial que los cristianos entendamos plenamente el valor y el significado de la santa misa para poder vivir nuestra relación con Dios en su totalidad.

Durante las persecuciones de Diocleciano, en el año 304, unos cristianos de África septentrional fueron sorprendidos y detenidos durante la celebración de una misa. Cuando el procónsul romano los interrogó, respondieron que la habían celebrado porque «no podían vivir sin el domingo», esto es: si no podemos celebrar la eucaristía, no podemos vivir, nuestra vida cristiana moriría. Este testimonio, que nos interpela a todos, exige una respuesta sobre qué significa para cada uno de nosotros participar en el sacrificio de la misa y acercarnos a la mesa del Señor.

La eucaristía es un acontecimiento maravilloso

en el que Jesucristo, nuestra vida, se hace presente. Participar en la misa «es volver a vivir la pasión y la muerte redentora del Señor. Es una teofanía: el Señor se hace presente en el altar para ser ofrecido al Padre por la salvación del mundo» (*Homilía en la Santa Misa,* Casa de Santa Marta, 10 de febrero de 2014). El Señor está con nosotros, presente. Cuántas veces nos distraemos, hablamos entre nosotros, mientras el sacerdote celebra la eucaristía en vez de celebrar con Él. ¡Estamos hablando del Señor! Si el presidente de la nación u otra persona importante estuvieran entre nosotros, sin duda le prestaríamos atención, querríamos saludarlo. Sin embargo, olvidamos que el Señor está presente en la misa y nos distraemos. Es algo que debe hacernos recapacitar. «Padre, es que las misas son aburridas». «Pero ¿qué dices? ¿El Señor es aburrido?». «No, la misa no, los sacerdotes». «Pues que cambien los sacerdotes. Pero ¡el Señor sigue estando ahí!». ¿Entendido? No lo olvidéis. «Participar en la misa es volver a vivir la pasión y la muerte redentora del Señor».

Vamos a plantearnos ahora algunas preguntas sencillas. Por ejemplo, ¿por qué nos hacemos la señal de la cruz y realizamos el acto penitencial al principio de la misa? Y aquí quisiera abrir un paréntesis. ¿Os habéis fijado en los niños al hacerse la señal de la cruz? No se entiende si es la señal de la cruz o un aspaviento. Hacen así [*hace un gesto confuso*]. Debemos enseñar a los niños a hacerla correctamente. Así empieza la misa, así empieza la vida, así empieza el día. Significa que la cruz del Señor nos redime. Prestad atención a los niños y enseñadles a santiguarse correctamente. Y las lecturas de la misa, ¿qué significan? ¿Por qué se leen? ¿Por qué en un momento determinado el sacerdote dice «levantemos el corazón» en vez de «levantemos nuestros móviles»? ¡Porque eso está feo! Me entristezco cuando durante la celebración de la misa, aquí en la plaza o en la basílica, veo muchos teléfonos levantados, y no solo de los fieles, sino también de algunos sacerdotes e incluso obispos. Pero ¡por favor! La misa no es un espectáculo, es acercarse a la pasión y la resurrección del Señor. Por eso el sacerdote dice «levantemos el corazón». Pensemos en su significado. Y recordad: nada de teléfonos.

Durante la misa no leemos el Evangelio para saber qué pasó, sino que lo escuchamos para tomar conciencia de lo que Jesús hizo y dijo; y esa es la Palabra viva, la Palabra de Jesús que vive en el Evangelio y llega viva a nuestros corazones. Por eso es tan importante escuchar el Evangelio con el corazón en la mano: porque es Palabra viva.

Para hacer llegar su mensaje, Cristo se sirve también de la palabra del sacerdote que, acabado el Evangelio, pronuncia la homilía. La homilía no es un montón de palabras de circunstancias, una conferencia o una lección, es otra cosa. ¿Qué es la homilía? La homilía sigue la palabra del Señor y ayuda a que llegue a nuestras manos, pasando por el corazón. Puede que a veces existan motivos reales para aburrirse porque es larga, está poco centrada o resulta incomprensible, pero otras veces el verdadero obstáculo es el prejuicio. Y el sacerdote que la pronuncia debe ser consciente de que no está haciendo algo personal, sino que está predicando la palabra de Jesús, dándole voz. La homilía debe estar bien preparada y ser breve. ¡Breve!

Que mis breves reflexiones sobre los Evangelios del domingo, inspiradas en los ángelus y algunas homilías de estos últimos años, ayuden a los lectores de este libro a vivir la misa dominical y a saber escuchar las homilías de los sacerdotes. Que la Palabra de Dios llegue a nuestros corazones, toque nuestras vidas y las transforme para que, como los primeros cristianos, también podamos afirmar: «¡No podemos vivir sin el domingo!».[1]

1. Catequesis del papa Francisco sobre la santa misa, *La Santa Messa — 1. Introduzione,* 8 de noviembre de 2017; Udienza generale, 7 de febrero de 2018.

1

Un nuevo horizonte

Primer domingo de Adviento
(Mateo 24, 37-44)

> Dos mujeres estarán moliendo, a una se la llevarán y a la otra la dejarán. Por tanto, estad en vela, porque no sabéis qué día vendrá vuestro Señor. Si supiera el dueño de la casa a qué hora de la noche viene el ladrón, estaría en vela y no dejaría que abrieran un boquete en su casa.

Hoy la Iglesia empieza un nuevo año litúrgico, es decir, un nuevo camino de fe del pueblo de Dios. Estos versículos del Evangelio (*cfr.* Mateo 24, 37-44) nos presentan uno de los temas más sugestivos del tiempo de Adviento: la visita del Señor a la humanidad. Todos sabemos que la primera visita tuvo lugar con la encarnación, el nacimiento de Jesús en la cueva de Belén; la segunda tiene lugar en el presente: el Señor nos visita continuamente, cada día, camina a nuestro lado y su presencia nos reconforta; la tercera y última visita tiene lugar cada vez que rezamos el Credo: «De nuevo vendrá con gloria para juzgar a vivos y muertos». En los versículos de hoy, el Señor nos habla de esta última visita, la del final de los tiempos, y nos dice cuál es la meta de nuestro camino.

La Palabra de Dios resalta el contraste entre el desarrollo normal de las cosas, la rutina cotidiana, y la llegada inesperada del Señor. Dice Jesús: «Como en los días que precedieron al diluvio, comieron, bebieron y se casaron hasta el día en que Noé entró en el arca. No se dieron cuenta de nada hasta que el diluvio los arrasó a todos» (vv. 38-39). Impresiona pensar en las horas que preceden a una gran calamidad: todos están tranquilos y se comportan como siempre sin darse cuenta de que su vida está a punto de cambiar. El Evangelio no quiere asustarnos, sino abrir nuestro horizonte a una dimensión nueva, más grande, que por una parte da una importancia relativa a las cosas cotidianas y por otra las valora y las considera decisivas. La relación con el Dios cercano ilumina cada gesto, cada cosa, con una luz diferente, le da profundidad, valor simbólico. Es también una invitación a la sobriedad, a no dejarnos dominar por las cosas de este mundo, por el materialismo, que debemos aprender a mantener a raya. Dejarse condicionar y dominar por él impide tomar conciencia de que hay algo mucho más importante: el encuentro final con el Señor. ¡Eso sí que es importante! La cotidianidad debe tener ese horizonte: el encuentro con el Señor que viene a por nosotros. Cuando llegue ese momento, como dice el Evangelio: «Estarán dos hombres en el campo: a uno se lo llevarán y al otro lo dejarán» (v. 40). Es una invitación a estar alerta porque no sabemos cuándo vendrá y debemos estar preparados para partir.

En este tiempo de Adviento estamos llamados a ensanchar el horizonte de nuestro corazón, a dejarnos sorprender por las novedades que la vida nos ofrece a diario. Para eso es necesario aprender a no depender de nuestras certezas, de nuestros esquemas consolidados, porque el Señor viene cuando menos lo esperamos. Viene para llevarnos a una dimensión mejor, más grande.

Lecturas de los padres de la Iglesia
San Agustín, *Lo amamos y no tememos su llegada*[1]

¿Qué hará en ese momento el cristiano? No se conver-

1. San Agustín, comentario al salmo 95, 14-15, en san

tirá en esclavo del mundo, sino que se servirá de él. ¿Qué significa? Que aun teniendo posesiones se comportará como si no las tuviera. Así habla el apóstol Pablo: «[...] Este mundo que vemos ha de terminar. Mas quiero que estéis libres de preocupación» (1 Corintios 7, 32).

El que no tiene preocupación alguna espera con serenidad la llegada del Señor. De hecho, ¿qué clase de amor sentiríamos por Cristo si temiésemos su llegada? ¿No deberíamos avergonzarnos, hermanos? Lo amamos, pero tememos su llegada. Entonces, ¿lo amamos de verdad? ¿O acaso amamos nuestros pecados más que a él? Pues bien, ¡odiemos el pecado y amemos al que ha de venir a castigarlo! Vendrá, lo queramos o no. Y el hecho de que no venga enseguida no significa que no vendrá. Vendrá, sin duda, cuando menos lo esperamos. [...]

Si quieres que muestre misericordia cuando te encuentres con Él, empieza por ser misericordioso. Si alguien te ofende, perdónalo. Si te sobra algo, dáselo al prójimo. ¿De quién son las cosas que das? ¿Acaso no le pertenecen? Si regalaras algo tuyo, sería una dádiva, pero al dar lo que te ha donado, lo único

---

Agustín, *Esposizione sui Salmi,* vol. III, T. Mariucci y V. Tarulli (eds.), Città Nuova (Nuova Biblioteca Agostiniana, 27/3), Roma, 1976, pp. 355-358.

que haces es devolverlo. ¿Qué posees que Dios no te haya dado? (*cfr.* 1 Corintios 4, 7). He aquí las virtudes gratas a los ojos de Dios: la compasión, la humildad, la confesión, la paz y la caridad. Ofrezcámoslas como hostias en el altar y esperemos con serenidad la llegada del juez que juzgará al mundo según justicia y dictará sobre los pueblos justa sentencia (*cfr.* Salmos 9, 8).

2

Un gran sí

Inmaculada Concepción de la Bienaventurada Virgen María (Lucas 1, 26-38)

Y María dijo al ángel: «¿Cómo será eso, pues no conozco varón?». El ángel le contestó: «El Espíritu Santo vendrá sobre ti, y la fuerza del Altísimo te cubrirá con su sombra; por eso el Santo que va a nacer será llamado Hijo de Dios. También tu pariente Isabel ha concebido un hijo en su vejez, y ya está de seis meses la que llamaban estéril, porque para Dios nada hay imposible». María contestó: «He aquí la esclava del Señor; hágase en mí según tu palabra». Y el ángel se retiró.

La lectura de esta solemnidad de la Inmaculada Concepción de la Bienaventurada Virgen María nos cuenta un momento crucial en la historia de las relaciones entre Dios y el hombre que remite al origen del bien y del mal. Se trata del momento en que Dios viene a habitar entre nosotros y se hace hombre como nosotros.

Esto fue posible gracias a un gran sí —opuesto al no del pecado—, el de María en el momento de la Anunciación.

Gracias a este sí, Jesús emprendió su camino entre la humanidad: empezó en María, pasando los primeros meses de su existencia en el vientre de su madre; no apareció ya adulto y fuerte, sino que siguió todo el camino de un ser humano. Se hizo en todo igual a nosotros menos en una cosa, el no, el pecado. Por eso eligió a María, la única criatura sin pecado, inmaculada. El Evangelio la describe como «llena de gracia» (Lucas 1, 28), es decir, colmada de gracia. Quiere decir que en ella, llena de gracia desde el primer momento, el pecado no tiene cabida. Cuando nos dirigimos a ella, reconocemos su belleza y la invocamos como «llena de gracia», sin sombra de mal.

María responde a la propuesta de Dios diciendo: «He aquí la esclava del Señor» (v. 38). No dice: «Esta vez haré lo que Dios me pide; luego, ya veremos». ¡No! Su sí es absoluto, para toda la vida, sin condiciones. Y así como el no de los orígenes había cerrado el paso a Dios entre los hombres, el sí de María abre el camino de Dios entre nosotros. Es el sí más importante de la historia, el sí humilde que vence al no soberbio de los orígenes, el sí fiel que redime la desobediencia, el sí disponible que derriba el egoísmo del pecado.

Para cada uno de nosotros también hay una historia de salvación hecha de un sí y de un no. A veces, sin embargo, somos expertos en los síes a medias: se nos da muy bien fingir que no entendemos lo que Dios quiere y lo que nos dicta nuestra conciencia. Somos lo suficientemente astutos para no negarnos rotundamente y preferimos decir: «Lo siento, no puedo», «Hoy no, creo que mañana», «Mañana seré mejor persona, mañana rezaré, haré el bien». Esta astucia nos aleja del sí, nos aleja de Dios y nos conduce al no, al no del pecado, al no de la mediocridad. Es el famoso «Sí, pero...», «Sí, Señor, pero...» que cierra la puerta al bien y permite que el mal gane terreno. Todos tenemos nuestra propia lista. Pensándolo bien, echaremos de menos muchos síes. Cada sí rotundo a Dios, en cambio, da origen a una historia nueva: decir sí a Dios es realmente *original,* es origen, lo contrario del pecado que nos hace viejos por dentro. ¿Habéis pensado que el pecado nos envejece por dentro? ¡Nos envejece antes de tiempo! Cada sí a Dios es el principio de una historia de salvación para nosotros y para los demás. Como la del sí de María.

En Adviento, Dios desea visitarnos y espera nuestro sí. Pensémoslo bien: ¿qué sí debo darle hoy a Dios? Pensémoslo, nos ayudará. Encontraremos la voz del Señor dentro de Dios que nos pide algo, un paso adelante. «Creo en ti, espero en ti, te amo, hágase en mí tu voluntad». Este es el sí. Con generosidad y confianza, como María, demos hoy nuestro sí personal a Dios.

Lectura de los padres de la Iglesia

San Agustín, *La primera discípula de Cristo*[1]

«Quien hace la voluntad de mi Padre, que me envió, es mi hermano, mi hermana y mi madre» (Mateo 12, 50). ¿Acaso no cumplió la voluntad del Padre la Virgen María, que por fe creyó, por fe concibió, fue elegida para que de ella naciera la salvación entre los hombres y fue creada por Cristo antes de que Cristo fuera creado en su vientre? Santa María cumplió la voluntad del Padre sin reservas, por eso para ella vale más ser discípula de Cristo que madre de Cristo; le

1. San Agustín, sermón 72 A, 7-8, en san Agustín, *Discorsi sul Nuovo Testamento,* vol. II/1, L. Carrozzi (ed.), Città Nuova (Nuova Biblioteca Agostiniana, 30/1), Roma 1979, pp. 477-481.

aporta más haber sido discípula que madre. María era feliz porque antes de dar a luz al Maestro lo llevó en su vientre. [...]

«Bienaventurados los que oyen la palabra de Dios y la ponen en práctica» (Lucas 11, 28). Por eso era bienaventurada María, porque escuchó la palabra de Dios y la puso en práctica. La verdad que guardaba en su corazón estaba por encima de la carne que guardó en su vientre. La verdad es Cristo, la carne es Cristo; Cristo verdad en la mente de María, Cristo carne en el vientre de María. Lo que está en la mente está por encima de lo que se lleva en el vientre. [...]

Amadísimos, fijaos en lo que sois: vosotros también sois parte de Cristo y cuerpo de Cristo. Prestad atención a lo que Cristo dice de vosotros: «Estos son mi madre y mis hermanos» (Mateo 12, 49). ¿Y cómo podéis ser madre de Cristo? Porque todo el que escucha y cumple la voluntad de mi Padre, que está en el cielo, es mi hermano, mi hermana y mi madre (*cfr.* Mateo 12, 50).

3

La verdadera alegría

Tercer domingo de Adviento
(Mateo 11, 2-11)

> Juan, que había oído en la cárcel las obras del Mesías, mandó a sus discípulos a preguntarle: «¿Eres tú el que ha de venir o tenemos que esperar a otro?». Jesús les respondió: «Id a anunciar a Juan lo que estáis viendo y oyendo: los ciegos ven y los cojos andan; los leprosos quedan limpios y los sordos oyen; los muertos resucitan y los pobres son evangelizados. ¡Y bienaventurado el que no se escandalice de mí!».

Hoy celebramos el tercer domingo de Adviento y la liturgia de la Palabra nos ofrece el contexto adecuado para comprender la alegría y vivir felices. No se trata de una alegría superficial o puramente emotiva ni de una alegría mundana o consumista. ¡No! Se trata de una felicidad más auténtica cuya realidad estamos llamados a volver a descubrir. Es una felicidad que cala en lo más hondo de nuestro ser y que sentimos mientras esperamos a Jesús, que ya ha venido a traer la salvación al mundo, el Mesías prometido, nacido en Belén de la Virgen María.

En el Evangelio de hoy, Juan Bautista, que está en la cárcel, envía a sus discípulos a buscar a Jesús para que le pregunten directamente: «¿Eres tú el que ha de venir o debemos esperar a otro?» (Mateo 11, 3). Juan se halla en un momento de oscuridad, ansía la llegada del Mesías y, durante sus sermones, lo describe como una personalidad fuerte, un juez que finalmente instaurará el reino de Dios, purificará a su pueblo, recompensará a los buenos y castigará a los malos. Así predicaba Juan: «Ya está el hacha lista para cortar de raíz los árboles. Todo árbol que no dé buen fruto será cortado y arrojado al fuego» (Mateo 3, 10). Ahora que Jesús ha empezado su misión y su comportamiento es distinto al que se había imaginado, Juan está sumido en una doble oscuridad: la oscuridad de su celda y la de su corazón. No entiende la actitud de Jesús y quiere saber si es el auténtico Mesías o si deberán esperar a otro.

¿Qué responde Jesús a los mensajeros? «Los ciegos ven y los cojos andan; los leprosos quedan limpios y los sordos oyen; los muertos resucitan» (Mateo

11, 5). No son palabras, son hechos que demuestran que la salvación de Jesús abarca a todo el ser humano y lo regenera. Dios ha entrado en la historia para liberarnos de la esclavitud del pecado, ha llegado entre nosotros para compartir nuestra existencia, curar nuestras llagas, vendar nuestras heridas y donarnos la vida nueva. La felicidad es el fruto de la salvación y del amor de Dios.

Estamos llamados a dejarnos llevar por el sentimiento de exultación. Este júbilo, esta alegría..., si un cristiano no lo comparte ¡o le falta algo o no es cristiano! La alegría del corazón, la alegría que nos impulsa a seguir adelante. El Señor llega a nuestras vidas como un libertador, viene a liberarnos de todas las esclavitudes interiores y exteriores. Nos indica el camino de la fidelidad, de la paciencia y de la perseverancia porque, con su llegada, nuestra alegría será plena. Se acerca la Navidad, nuestras calles y nuestras casas anuncian su llegada; también aquí, en la plaza de San Pedro, hay un pesebre y un árbol. Estas manifestaciones nos invitan a acoger al Señor que siempre llega y llama a nuestra puerta, llama a nuestro corazón para estar cerca de nosotros; nos invitan a reconocer sus pasos entre los de los hermanos que caminan a nuestro alrededor, especialmente los más débiles y necesitados.

Hoy estamos invitados a alegrarnos por la llegada inminente de nuestro Redentor y estamos llamados a compartir esta alegría con los demás, consolando y dando esperanza a los pobres, a los enfermos y a las personas solas e infelices.

Que la Virgen María, la «sierva del Señor», nos ayude a escuchar la voz de Dios en la oración y a servirle con compasión por los hermanos, a estar listos para la cita con la Navidad, con nuestro corazón preparado para acoger a Jesús.

Lecturas de los padres de la Iglesia

San Jerónimo, *De la fatiga de cada día a la verdadera alegría*[1]

«Y como Dios le llena de alegría el corazón, no se preocupa mucho por el curso de su vida» (Eclesiastés 5, 19). No cabe duda de que el Señor alegra el corazón del sabio: absorbido por la beatitud y el placer presente, ya no estará triste ni angustiado. San Pablo expresa mejor este concepto cuando habla de comida y bebida

1. San Jerónimo, *Comentarios al Eclesiastés* 5, 19, en san Jerónimo, *Commentarius in Ecclesiasten,* P. Antin (ed.), Corpus Christianorum, Series Latina, 72, Brepols, Turnhout, 1959, pp. 296-297.

espiritual concedida por Dios (*cfr.* 1 Corintios 10, 3) y dice que el trabajo merece la pena cuando a través del esfuerzo contempla la verdadera recompensa. Esta es nuestra aportación, la que nos proporciona alegría a través del trabajo, pues hasta que Cristo no se manifieste en nuestras vidas no alcanzaremos la alegría completa. En este sentido, Dios tampoco se preocupará demasiado por el curso de nuestras vidas; el trabajo del que se habla es espiritual, el único que nos traerá la verdadera alegría. [...]

El cristiano, bien pensado, conoce las escrituras celestes, y por eso emplea todo el esfuerzo de sus palabras y de su alma en aprender lo que necesita. Se diferencia de los necios porque se siente pobre, como el pobre al que el Evangelio llama bienaventurado. Y como se siente pobre, se apresura a abrazar todas aquellas cosas que para él son vitales, pese a tener que recorrer un camino angosto que conduce a lo que da vida. Es pobre de malas acciones y sabe dónde morar: en Cristo, que es la vida.

4

El Dios cercano

Cuarto domingo de Adviento
(Mateo 1, 18-24)

> La generación de Jesucristo fue de esta manera: María, su madre, estaba desposada con José y, antes de vivir juntos, resultó que ella esperaba un hijo por obra del Espíritu Santo. José, su esposo, como era justo y no quería difamarla, decidió repudiarla en privado. Pero, apenas había tomado esta resolución, se le apareció en sueños un ángel del Señor que le dijo: «José, hijo de David, no temas acoger a María, tu mujer, porque la criatura que hay en ella viene del Espíritu Santo. Dará a luz un hijo y tú le pondrás por nombre Jesús, porque él salvará a su pueblo de sus pecados».

La liturgia de hoy, cuarto y último domingo de Adviento, trata la cercanía de Dios a la humanidad. Este fragmento del Evangelio tiene como protagonistas a las dos personas que vivieron más de cerca este misterio de amor: la Virgen María y su esposo, José. Misterio de amor, misterio de cercanía de Dios a la humanidad.

La profecía nos presenta a María como «la virgen que concebirá y dará a luz un hijo» (Mateo 1, 23). El Hijo de Dios se genera en su vientre para hacerse hombre y ella lo recibe. Dios se acercó excepcionalmente al ser humano a través de una mujer.

Dios también busca maneras de acercarse a nosotros con su gracia para entrar en nuestras vidas y ofrecernos a su Hijo. Y ¿qué hacemos nosotros? ¿Acogerlo y permitir que se acerque o rechazarlo? Como María, que al acatar libremente la voluntad del Señor cambió el destino de la humanidad, nosotros también podemos abrazar su plan de salvación acogiendo a Jesús y tratando de seguir cotidianamente sus enseñanzas. María es un modelo al que imitar y un apoyo con el que contar en nuestra búsqueda de Dios, en nuestro acercamiento a Dios, en nuestro compromiso con la construcción de la civilización del amor.

El otro protagonista del Evangelio de hoy es san José. El evangelista pone de relieve que José no sabe explicarse por sí solo lo que sucede, es decir, el embarazo de María. Justo en ese momento de duda y angustia, Dios se acerca a él a través de un mensajero que le explica la naturaleza de esa maternidad: «El hijo que espera es obra del Espíritu Santo» (v. 20). Ante ese evento milagroso, que suscita muchos interrogantes en su corazón, José confía totalmente en el mensaje de Dios y hace lo que le indica: no repudia a María, sino que se casa con ella. Y al aceptarla, José también acepta, libre y amorosamente, al que ha sido concebido en su vientre por obra del Espíritu Santo, porque nada es imposible para Dios. Este hombre, este soñador capaz de aceptar una tarea ardua, tiene mucho que enseñarnos en estos tiempos de desamparo. José es el hombre que no replica, sino que obedece; el hombre de la ternura; el hombre capaz de cumplir las promesas y convertirlas en realidad. Me gusta pensar en él como un guardián de las debilidades. José, humilde y justo (v. 19), nos enseña a confiar en Dios siempre que se acerca a nosotros. José nos enseña a ser obedientes y dejarnos guiar por Él libremente, a desoír la voz de la duda y del orgullo humano.

Estas dos figuras, José y María, las primeras personas que tuvieron fe y acogieron a Jesús, nos introducen en el misterio de la Navidad. María nos ayuda a prepararnos para acoger al Hijo de Dios en nuestra vida cotidiana, en nuestra propia carne. José nos empuja a aceptar en todo momento la voluntad de Dios y a confiar plenamente en Él. Ambos permitieron que Dios se acercara a ellos. Caminemos juntos hacia Belén.

A Dios, al Señor que se acerca, ¿le abro la puerta cuando siento una inspiración interior?, ¿cuando me pide que haga algo por los demás?, ¿cuando me llama a rezar? Dios-con-nosotros, Dios que se acerca. Que este mensaje de esperanza que transmite la Navidad ayude a cada uno de nosotros y a toda la Iglesia a esperar la llegada de Dios, sobre todo a los desafortunados que el mundo desprecia, pero que Dios ama.

Lecturas de los padres de la Iglesia

San Agustín, *Ama y el Señor se acercará*[1]

> «Aunque el Señor está en lo alto, mira hacia abajo» (Salmos 138, 6). ¿De qué manera dirige su mirada hacia nosotros? «El Señor está cerca de los que tienen el corazón hecho pedazos» (Salmos 33, 19). Precisamente por eso, no vayas en busca de una cima alta creyendo que así estarás más cerca de Dios. Si te enalteces, Él se alejará de ti; si eres humilde, se acercará. El

1. San Agustín, sermón 21, 2, en san Agustín, *Discorsi sul Vecchio Testamento,* F. Cruciani (ed.), Città Nuova (Nuova Biblioteca Agostiniana, 29), Roma, 1979, pp. 395-397.

publicano se quedaba atrás y no se atrevía ni a levantar los ojos al cielo, por eso Dios se acercaba a él más fácilmente (*cfr.* Lucas 18, 13), porque el creador del cielo ya habitaba en él.

Entonces ¿cómo vamos a regocijarnos en el Señor si Él se halla tan lejos de nosotros? Debemos conseguir que no esté lejos; nosotros lo mantenemos alejado. Ama y se te acercará; ama y habitará en ti. «El Señor está cerca; no os aflijáis por nada» (Filipenses 4, 5-6). Puedes comprobar que está contigo si lo amas. «Dios es caridad» (1 Juan 4, 8). ¿Por qué te obstinas en cavilar, en preguntarte qué es Dios, cómo será Dios? Cualquier cosa que llegues a imaginarte no es Él. No es nada que tu mente logre abarcar porque Él no puede ser concebido con el pensamiento. Una pequeña demostración: Dios es caridad. «¿Y qué es la caridad?», me preguntarás. La caridad es la fuerza con la que amamos.

5

Tocar con la mano el amor del Padre

Natividad del Señor
(Juan 1, 1-18)

> El Verbo era la luz verdadera, que alumbra a todo hombre, viniendo al mundo. En el mundo estaba; el mundo se hizo por medio de Él, y el mundo no lo conoció. [...]
> Y el Verbo se hizo carne y habitó entre nosotros, y hemos contemplado su gloria: gloria como del Unigénito del Padre, lleno de gracia y de verdad.

La liturgia de hoy nos propone el prólogo del Evangelio de san Juan, en el que se proclama que «el Verbo», es decir, la Palabra creadora de Dios, «se hizo carne y habitó entre nosotros» (Juan 1, 14). La Palabra cuya morada es el cielo, es decir, la dimensión divina, bajó a la tierra para que la escucháramos y pudiésemos conocer y tocar con nuestras propias manos el amor del Padre. El Verbo de Dios es su Hijo unigénito hecho hombre, lleno de amor y de verdad, Jesús.

El evangelista no oculta el aspecto dramático de la Encarnación del Hijo de Dios y subraya que los hombres no aceptaron el don de amor que Dios les ofrecía. La Palabra es la luz, pero los hombres prefirieron las tinieblas. La Palabra vino al mundo que había creado, pero los suyos no la recibieron (vv. 9-10). Cerraron la puerta al Hijo de Dios. Es el misterio del mal, que también acecha nuestras vidas y contra el que debemos estar constantemente alerta para evitar que se imponga.

En el libro del Génesis hay una hermosa frase que nos puede ayudar a entenderlo. Dice que el mal «está al acecho delante de nuestra puerta» (Génesis 4, 7). Pobres de nosotros si lo dejamos entrar: aprovecharía para cerrar la puerta a todo lo demás. Debemos, en cambio, abrir la puerta de nuestro corazón a la Palabra de Dios y a Jesús para convertirnos en sus hijos.

Hoy, día de Navidad, proclamamos este inicio solemne del Evangelio de Juan. Es la invitación de la santa madre Iglesia a acoger esta Palabra de salvación, este misterio de luz. Si lo acogemos, si recibimos a Jesús, nuestra familiaridad y nuestro amor por el Señor crecerán y aprenderemos a ser misericordiosos como Él. Hagamos que el Evangelio esté cada vez más presente en nuestras vidas. Acercarse al Evangelio, meditarlo y encarnarlo en nuestra vida cotidiana es la mejor manera de conocer a Jesús y difundir sus mandamientos. Esta es la vocación y el colmo de la felicidad de todos los bautizados: indicar y donar a los demás el camino de Jesús. Pero, para poder hacerlo, debemos conocerlo y llevarlo dentro de nosotros como el Señor de nuestra vida. Él nos defenderá del mal y del diablo, que siempre está al acecho ante nuestra puerta y nuestro corazón, tratando de entrar.

Nos encomendamos una vez más a María con abandono filial: su dulce imagen de Madre de Jesús y madre nuestra resplandece en el pesebre durante la Navidad.

Lecturas de los padres de la Iglesia

San Andrés de Creta, *Envueltos por la luz*[1]

Llega aquel que está presente en todas partes y colma todos los vacíos. Ha venido para salvarnos a todos a través de ti. Llega aquel que no ha venido a llamar a los

1. San Andrés de Creta, oración 9 (19), en san Andrés de Creta, *Opera,* J. P. Migne (ed.), Patrologia Graeca, 97, París, 1865, col. 1002.

justos, sino a los pecadores (*cfr.* Mateo 9, 13) para que se arrepientan y abandonen el camino del pecado. Así que no temas. Dios está entre nosotros, nada podrá herirte (*cfr.* Deuteronomio 7, 21). Acógelo con los brazos abiertos. Acoge a aquel que en sus palmas marcó el límite de tus muros y que con sus manos construyó tus cimientos.

Acoge a aquel que aceptó todo lo que es propio de la naturaleza humana, salvo el pecado. Salta de gozo, Sion, ciudad madre, no temas y «celebra tus fiestas» (Nahúm 2, 1). Glorifica a aquel que con gran misericordia viene a nosotros a través de ti. Pero alegra también tu corazón, hija de Jerusalén, entona una canción y baila. Y digamos con Isaías: «Levántate, Jerusalén, envuelta en resplandor, porque ha llegado tu luz y la gloria del Señor brilla sobre ti» (Isaías 60, 1).

Pero ¿de qué luz hablamos? De la que alumbra a toda la humanidad (*cfr.* Juan 1, 9). La luz eterna, sin tiempo, que ha aparecido en el tiempo. La luz que se ha manifestado en la carne, pero cuya naturaleza está oculta. La luz que envolvió a los pastores y guio a los Reyes Magos. La luz que estaba en el mundo desde el principio y por medio de la cual se creó el mundo, que no la reconoció. La luz que vino entre su gente y que los suyos no acogieron.

6

Mártires, testimonios de luz y de verdad

Fiesta de san Esteban
(Mateo 10, 17-22)

> Pero ¡cuidado con la gente!, porque os entregarán a los tribunales, os azotarán en las sinagogas y os harán comparecer ante gobernadores y reyes por mi causa, para dar testimonio ante ellos y ante los gentiles. Cuando os entreguen, no os preocupéis de lo que vais a decir o de cómo lo diréis: en aquel momento se os sugerirá lo que tenéis que decir, porque no seréis vosotros los que habléis, sino que el Espíritu de vuestro Padre hablará por vosotros.

La alegría de la Navidad llena hoy nuestros corazones, mientras que la liturgia celebra el martirio de san Esteban, el primer mártir, invitándonos a recoger el testimonio que nos dejó con su sacrificio. Es el testimonio glorioso del martirio cristiano, sufrido por amor a Jesucristo, martirio que continúa estando presente en la historia de la Iglesia desde Esteban hasta nuestros días.

El Evangelio de hoy nos habla de este testimonio. Jesús advierte a sus discípulos que serán perseguidos: «Seréis odiados por todos a causa de mi nombre» (Mateo 10, 22). Pero ¿por qué el mundo persigue a los cristianos? El mundo odia a los cristianos por la misma razón que odió a Jesús, porque Él trajo la luz de Dios y el mundo prefiere las tinieblas donde puede esconder sus malas acciones. Recordemos que el mismo Jesús, en la Última Cena, le pidió al Padre que nos defendiese del malvado espíritu mundano. La mentalidad del Evangelio y la mundana son incompatibles. Seguir a Jesús quiere decir seguir su luz, que se encendió en la noche de Belén, y abandonar las tinieblas del mundo.

El protomártir Esteban, lleno del Espíritu Santo, fue lapidado porque confesó su fe en Jesucristo, Hijo de Dios. El Unigénito que viene al mundo invita a los creyentes a elegir el camino de la luz y de la vida. Este es el significado de su llegada entre nosotros. Amando al Señor y obedeciéndolo, el diácono Esteban eligió a Cristo, eligió la vida y la luz para todos los hombres. Escogiendo la verdad, se convirtió al mismo tiempo en víctima del misterio de la iniquidad presente en el mundo. ¡Pero, en Cristo, Esteban venció!

La Iglesia sigue sufriendo duras persecuciones en distintos lugares del mundo, e incluso la prueba suprema del martirio, por dar testimonio de luz y de verdad. ¡Cuántos de nuestros hermanos y hermanas en la fe padecen injusticias, violencia y odio a causa de Jesús! Hoy en día hay más mártires que en los primeros siglos del cristianismo. Aquí, en Roma, hubo mucha crueldad contra los cristianos, pero no solo sigue existiendo, sino que ha aumentado. Nuestro pensamiento vuela hoy al lado de los que sufren persecución para manifestarles nuestro afecto, dedicarles nuestra oración y acompañarlos con nuestro llanto. Hace unos años,[1] los cristianos perseguidos en Irak celebraron la Navidad en su catedral destruida: es un ejemplo de fidelidad al Evangelio. A pesar de las pruebas a que son sometidos y del peligro que corren, testimonian con valor su pertenencia a Cristo y viven el Evangelio, comprometiéndose en favor de los últimos y los desamparados, haciendo el bien sin distinción; testimonian la caridad en la verdad.

Cuando dejamos entrar en nuestro corazón al Hijo de Dios que se ofrece a nosotros en Navidad,

1. El 25 diciembre de 2016 *(N. del E.)*.

renovamos la gozosa y valiente voluntad de seguirle fielmente como único guía y perseveramos en la determinación de vivir según la mentalidad evangélica, rechazando la de los dominadores de este mundo.

A la Virgen María, Madre de Dios y reina de los mártires, elevamos nuestra oración para que nos guíe y nos sostenga siempre en nuestro camino de fidelidad a Jesucristo, que contemplamos en la cueva del pesebre y que es testimonio fiel de Dios Padre.

Lecturas de los padres de la Iglesia

San Cesáreo de Arlés, *Podemos imitar a los mártires*[2]

Queridísimos hermanos, si los santos mártires se preocuparon por amar a sus enemigos, ¿cómo van a estar cerca de los que ni siquiera se esfuerzan en querer a sus amigos?

Queridísimos hermanos, no dudemos, pues, en imitar, en la medida de nuestras fuerzas, a los santos

2. San Cesáreo de Arlés, *Sermones* 225, 1-2, en san Cesáreo de Arlés, *Sermones*, G. Morin (ed.), Corpus Christianorum. Series Latina, 104, Brepols, Turnhout, 1953, pp. 888-889.

mártires para que gracias a sus méritos y oraciones merezcamos ser absueltos de nuestros pecados.

Quizá objetaréis: «¿Quién de nosotros podría imitar a los santos mártires?». Con la ayuda de Dios, podemos y debemos imitarlos en la medida de nuestras fuerzas.

¿No soportarías el fuego? Pues evita la lujuria. ¿No soportarías el hierro? Rechaza la avaricia que te lleva a negocios perversos y a ganancias impías. Si te dejas dominar por los placeres del mundo, ¿cómo vas a resistir las pruebas más duras?

La paz también tiene sus mártires. En efecto, vencer la ira, evitar la envidia como si fuera veneno de víbora, rechazar la soberbia, alejar el odio del corazón, mantener a raya la gula, evitar la embriaguez, todo esto forma parte del martirio.

Cuando defiendas una causa justa, serás mártir. Puesto que Cristo es justicia y verdad, si defiendes con todas tus fuerzas la verdad o la castidad, recibirás la recompensa de los mártires. Puesto que la palabra *mártir* en griego significa 'testigo', quien da testimonio en favor de la verdad será indudablemente mártir de Cristo, que es la verdad.

7

Comunidad de amor y reconciliación

Sagrada Familia
(Mateo 2, 13-15, 19-23)

Cuando ellos se retiraron, el ángel del Señor se apareció en sueños a José y le dijo: «Levántate, toma al niño y a su madre y huye a Egipto; quédate allí hasta que yo te avise, porque Herodes va a buscar al niño para matarlo». José se levantó, tomó al niño y a su madre, de noche, se fue a Egipto y se quedó hasta la muerte de Herodes para que se cumpliese lo que dijo el Señor por medio del profeta: «De Egipto llamé a mi hijo». [...] Cuando murió Herodes, el ángel del Señor se apareció de nuevo en sueños a José en Egipto y le dijo: «Levántate, coge al niño y a su madre y vuelve a la tierra de Israel, porque han muerto los que atentaban contra la vida del niño». Se levantó, tomó al niño y a su madre y volvió a la

> tierra de Israel. Pero al enterarse de que Arquelao reinaba en Judea como sucesor de su padre Herodes tuvo miedo de ir allá. Y avisado en sueños se retiró a Galilea y se estableció en una ciudad llamada Nazaret. Así se cumplió lo dicho por medio de los profetas, que se llamaría nazareno.

En este primer domingo después de Navidad, la liturgia nos invita a celebrar la fiesta de la Sagrada Familia de Nazaret. El belén, en efecto, muestra a Jesús, a la Virgen y a san José en la cueva de Belén. Dios quiso nacer en una familia humana, quiso tener una madre y un padre como nosotros.

El Evangelio de hoy nos presenta a la Sagrada Familia en el doloroso camino del exilio, en busca de refugio en Egipto. José, María y Jesús viven la condición dramática de los refugiados, marcada por el miedo, la incertidumbre y las adversidades. Por desgracia, millones de familias pueden reconocerse hoy en día en esta triste realidad. La televisión y los periódicos nos informan casi a diario de refugiados que huyen del hambre, de la guerra y de otros peligros en busca de seguridad y de una vida digna para ellos y sus familias.

Incluso cuando encuentran trabajo lejos de su

tierra, los refugiados y los inmigrantes no siempre son bien acogidos, respetados y apreciados por los valores de que son depositarios. Sus legítimas expectativas chocan con situaciones complejas y obstáculos que a veces parecen insuperables. Por ello, mientras ponemos la mirada en la Sagrada Familia de Nazaret que se ve obligada a huir, pensemos en el drama de los inmigrantes y refugiados, víctimas del rechazo y de la explotación, de la trata de personas y de la esclavitud laboral. Y pensemos también en los demás *exiliados,* en esos que llamaría *exiliados ocultos,* que podemos encontrar dentro de sus propias familias: los ancianos, por ejemplo, a los que a veces se trata como un estorbo. Creo que se puede saber cómo es una familia por la manera en que trata a los niños y a los ancianos.

Jesús quiso pertenecer a una familia que pasó estos apuros para que nadie se sienta excluido del amor de Dios. La huida a Egipto por culpa de las amenazas de Herodes nos muestra que Dios está presente dondequiera que el hombre esté en peligro, dondequiera que sufra, se vea obligado a huir o experimente el rechazo y el abandono; dondequiera que el hombre sueñe, que espere volver a su patria en libertad o proyecte y elija vivir dignamente con su familia.

Nuestra mirada de hoy a la Sagrada Familia también ha de captar la sencillez de la vida que lleva en Nazaret. Es un ejemplo para nuestras familias, para ayudarlas a convertirse en una comunidad de amor y reconciliación, donde se vive la ternura, la ayuda mutua y el perdón recíproco. Recordemos las tres expresiones clave para vivir en paz y alegría en la familia: *por favor, gracias* y *perdón.* Cuando una familia respeta a sus miembros, pide las cosas *por favor;* cuando sus miembros no son egoístas, aprenden a decir *gracias,* y cuando reconocen que se han equivocado, saben pedir *perdón.* En una familia así reina la paz y la alegría.

Desearía también invitar a las familias a tomar conciencia de la importancia que tienen en la Iglesia y en la sociedad. El anuncio del Evangelio, en efecto, pasa ante todo a través de las familias, para llegar, en un segundo momento, a los distintos ámbitos de la vida cotidiana.

Invoquemos con fervor a María Santísima, madre de Jesús y madre nuestra, y a san José, su esposo, para que iluminen, conforten y guíen a todas las familias del mundo de manera que puedan cumplir con dignidad y serenidad la misión que Dios les ha confiado.

Lecturas de los padres de la Iglesia

San Ambrosio de Milán, *Ama a tus padres como Jesús amó a los suyos*[1]

Honra a tus padres, porque el Hijo de Dios honró a los suyos. De hecho, «vivió obedeciéndolos en todo» (Lucas 2, 51). Si el mismo Jesús obedecía a dos pobres siervos de Dios, ¿cómo deberías comportarte con los tuyos? Cristo no honraba a José y a María por una deuda de la naturaleza, sino por una obligación de piedad; además, honraba a Dios, su Padre, de una forma que nadie pudo superar, tanto que «se hizo obediente hasta la muerte» (Filipenses 2, 8). Por lo tanto, tú también debes honrar a tus padres.

Pero honrarlos no significa solo respetarlos, sino también mostrar generosidad. [...] Honrar significa ayudar según los méritos. Honra a tu padre y a tu madre. Y piensa que hagas lo que hagas nunca podrás compensar los padecimientos y el dolor que tu madre sufrió por ti; el acto de amor que supuso llevarte en su vientre y alimentarte con su pecho; el

1. San Ambrosio de Milán, Lucas 8, 74-75, en san Ambrosio, *Esposizione del Vangelo secondo Luca*, G. Coppa (ed.), Biblioteca Ambrosiana-Città Nuova (Sancti Ambrosii episcopi Mediolanensis opera, 11-12), Milán-Roma 1978, pp. 345-347.

hambre que pasó cuando no quiso comer algo que pudiese dañarte o estropear la leche. Por ti ayunó, rechazó la comida que deseaba y comió la que no le gustaba, pasó noches en vela y lloró. ¿Y tú dejarás que pase necesidades? Oh, hijo, ¡qué juicio tan terrible te espera si no honras a quien te trajo al mundo! Debes todo lo que tienes a la que todo te dio.

8

Una cercanía que no conoce fin

Segundo domingo del tiempo de Navidad
(Juan 1, 1-18)

> Vino a su casa, y los suyos no lo recibieron. Pero a cuantos lo recibieron, les dio poder de ser hijos de Dios, a los que creen en su nombre. Estos no han nacido de sangre, ni de deseo de carne, ni de deseo de varón, sino que han nacido de Dios. Y el Verbo se hizo carne y habitó entre nosotros, y hemos contemplado su gloria: gloria como del Unigénito del Padre, lleno de gracia y de verdad.

La liturgia de este domingo nos vuelve a proponer el prólogo del Evangelio de san Juan para ahondar en el significado del Nacimiento de Jesús. Él es la Palabra de Dios que se hizo hombre y puso su tienda, su morada entre los hombres. Escribe el evangelista: «El Verbo se hizo carne y habitó entre nosotros» (Juan 1, 14). Estas palabras, que no dejan de asombrarnos, contienen la esencia del cristianismo. Dios se hizo mortal, frágil como nosotros, compartió nuestra condición humana y a pesar de estar libre de pecado cargó con los nuestros como si fueran suyos. Entró en nuestra historia, ¡se convirtió en Dios-con-nosotros! El nacimiento de Jesús nos demuestra que Dios quiso unirse a cada hombre y a cada mujer, a cada uno de nosotros, para comunicarnos su vida y su júbilo.

Así Dios es Dios con nosotros, Dios que nos ama, Dios que camina con nosotros. Este es el mensaje de la Navidad: el Verbo se ha hecho carne. La Navidad nos revela el amor inmenso que Dios siente por la humanidad. De ahí también deriva nuestro entusiasmo, nuestra esperanza de cristianos, que nos sabemos amados, visitados y acompañados por Dios a pesar de nuestros pecados; gracias a esa esperanza miramos el mundo y la historia como el lugar donde caminar juntos, con Él, hacia un nuevo cielo y una nueva tierra.

Con el nacimiento de Jesús nació también una promesa nueva, un mundo nuevo, pero también un mundo que puede renovarse continuamente. Dios siempre está presente para que el hombre se renueve, para purificar el mundo del pecado que lo envejece y lo corrompe. Por más que la historia de la humanidad y la personal de cada uno de nosotros estén marcadas por las dificultades y las debilidades, la fe en la Encarnación nos dice que Dios es solidario con el hombre y con su historia. Esta cercanía de Dios al hombre, a cada hombre, a cada uno de nosotros, es un don para siempre. ¡Él está con nosotros! ¡Él es Dios con nosotros! Y esta cercanía no conoce fin. He aquí el mensaje gozoso de la Navidad: la luz divina que inundó el corazón de la Virgen María y de san José y guio los pasos de los pastores y de los Reyes Magos sigue brillando para nosotros.

En el misterio de la Encarnación del Hijo de Dios hay también un aspecto que concierne a la libertad humana, la libertad de cada uno de nosotros. En efecto, el Verbo de Dios viene a habitar entre nosotros, pecadores y necesitados de misericordia. Y todos nosotros deberíamos apresurarnos a recibir la gracia que Él nos ofrece. En cambio, continúa el Evangelio de san Juan, «los suyos no lo recibieron» (v. 11). Nosotros también lo rechazamos muchas veces, preferimos permanecer atrincherados en nuestros errores y en la angustia que nos provocan nuestros pecados. ¡Pero Jesús no se rinde y sigue ofreciéndose a sí mismo y su gracia salvadora!

Jesús tiene paciencia, Jesús sabe esperar, nos espera siempre. Es un mensaje de esperanza, un mensaje de salvación, antiguo y siempre nuevo que estamos llamados a testimoniar jubilosamente. El mensaje del Evangelio de la vida, del Evangelio de la luz, de la esperanza y del amor. Porque este es el mensaje de Jesús: vida, luz, esperanza y amor.

Que María, Madre de Dios y madre nuestra, nos sostenga siempre para que permanezcamos fieles a la vocación cristiana y podamos cumplir los anhelos de justicia y de paz que perseguimos al inicio de este nuevo año.

Lecturas de los padres de la Iglesia

Pseudo-Hipólito, *Cristo aceptó nuestro sufrimiento*[1]

> Sabemos que el Verbo recibió el cuerpo de una Virgen y se encarnó en el hombre viejo para volver a plasmarlo [...].
>
> Pero para que nadie lo considerara distinto de nosotros, se sometió a padecimientos, soportó el hambre y la sed, necesitó dormir y no rechazó la pasión, estuvo dispuesto a morir y dio a conocer la resurrección, ofreciendo en todas estas acciones su hu-

1. Pseudo-Hipólito de Roma, *Herejías* 10, 33, 15-17, 34, 5, en Pseudo-Hipólito, *Confutazione di tutte le eresie,* A. Cosentino (ed.), Città Nuova (Testi patristici, 247), Roma, 2017, pp. 511, 512, 514.

manidad como primicia para sostenernos en nuestros tormentos, para que al constatar que su naturaleza y la nuestra eran iguales tuviéramos la esperanza de poder alcanzar lo que a él le fue concedido. [...]

En efecto, Cristo es Dios que está por encima de todas las cosas. Él ordenó redimir a los hombres del pecado y los transformó en hombres nuevos «a imagen suya» (*cfr.* Génesis 1, 26) para demostrar mediante la «semejanza» el amor que nos profesa. Si obedecemos sus preceptos, si seguimos su buen ejemplo, nos recompensará como semejantes. Dios, que siempre cumple sus promesas, nos hará como Él para su gloria.

9

Seguir la luz amable

Epifanía del Señor
(Mateo 2, 1-12)

> Habiendo nacido Jesús en Belén de Judea en tiempos del rey Herodes, unos magos de Oriente se presentaron en Jerusalén preguntando: «¿Dónde está el Rey de los judíos que ha nacido? Porque hemos visto salir su estrella y venimos a adorarlo». [...] Al ver la estrella, se llenaron de inmensa alegría. Entraron en la casa, vieron al niño con María, su madre, y cayendo de rodillas lo adoraron; después, abriendo sus cofres, le ofrecieron regalos: oro, incienso y mirra. Y habiendo recibido en sueños un oráculo, para que no volvieran a Herodes, se retiraron a su tierra por otro camino.

Hoy celebramos la manifestación de Jesús, una luz que brilla para todos. La estrella que guio a los Magos a Belén es el símbolo de esta luz que resplandece en el mundo y quiere iluminar la vida de la humanidad. Los Magos, dice el Evangelio, vieron «salir su estrella» (Mateo 2, 2) y la siguieron. Se dejaron guiar por la estrella de Jesús.

En nuestras vidas también hay estrellas, luces que brillan y nos orientan. Depende de nosotros elegir cuáles seguir. Hay, por ejemplo, luces discontinuas, que van y vienen, como las pequeñas satisfacciones de la vida que a pesar de ser buenas no son suficientes porque duran poco y no proporcionan la paz que anhelamos. También hay luces cegadoras como las de un escenario, son el resplandor del dinero y el éxito, que prometen todo al instante; son seductoras, pero deslumbran y nos hacen pasar de los sueños de gloria a la oscuridad más densa. Los Magos, en cambio, nos invitan a seguir una luz estable, una luz amable, que no se eclipsa porque no es de este mundo, sino que viene del cielo y resplandece en nuestros corazones.

Esta luz verdadera es la luz del Señor, o mejor dicho, es el Señor mismo. Él es nuestra luz: una luz que no deslumbra, sino que acompaña y da una alegría única. Al empezar el día podemos acoger la invitación que profetizó Isaías (60, 1): «Levántate, vístete de luz». ¡Entre las muchas estrellas fugaces que hay en el mundo, sigue la estrella luminosa de Jesús! Nos dará el mismo júbilo que a los Magos, que «al ver la estrella, se llenaron de inmensa alegría» (Mateo 2, 10). Porque donde está Dios hay alegría.

Quien ha encontrado a Jesús ha experimentado el milagro de la luz que rasga las tinieblas y conoce esta luz que ilumina y aclara. Con respeto, querría invitaros a todos a no temer esta luz y a abriros al Señor. Me dirijo de manera especial a quienes están cansados de buscar, a quienes, superados por las dificultades de la vida, han perdido el entusiasmo. «¡Levántate, ánimo, la luz de Jesús vence a las tinieblas!».

Pero ¿cómo podemos encontrar esta luz divina? Sigamos el ejemplo de los Reyes Magos, a los que el Evangelio describe siempre en movimiento. Quien quiere encontrar la luz, en efecto, sale de sí mismo y busca; no se queda encerrado, quieto, mirando lo que pasa a su alrededor, sino que pone en juego su propia vida y sale de sí mismo. La vida cristiana es un camino continuo hecho de esperanza, de búsqueda; un camino que, como el de los Reyes Magos, no se detiene ni siquiera cuando la estrella desaparece momentáneamente de nuestra vista. Este camino también presenta peligros que hay que evitar: los chismes que nos cierran el paso, los caprichos egoístas y el pesimismo que nubla la esperanza.

Estos fueron los obstáculos que impidieron a los

escribas de los que habla el Evangelio seguir la luz. Ellos sabían dónde estaba, pero fueron incapaces de ponerse en marcha. Cuando Herodes les pregunto dónde nacería el Mesías, respondieron: «¡En Belén!». Sabían dónde estaba, pero no se pusieron en marcha. Sus conocimientos no les sirvieron de nada. Sabían muchas cosas, pero no les sirvieron de nada. No basta con saber que Dios ha nacido si nuestro corazón no celebra la Navidad con Él. Dios ha nacido, sí, pero ¿ha nacido en tú corazón? ¿Ha nacido en nuestros corazones? Si es así, lo encontraremos con José y María en el establo, como hicieron los Reyes Magos.

Los Reyes Magos encontraron al Niño y «cayendo de rodillas, le adoraron» (v. 11). No se limitaron a mirarlo, no rezaron por compromiso y se fueron, sino que lo adoraron, entraron en una comunión personal de amor con Jesús. Después le ofrecieron oro, incienso y mirra, es decir, sus bienes más preciados. Aprendamos de los Magos a no dedicar a Jesús los ratos perdidos y alguna oración de vez en cuando, porque así no tendremos su luz. Como los Magos, pongámonos en camino, vistámonos de luz siguiendo la estrella de Jesús y adoremos al Señor con todo nuestro ser.

Lecturas de los padres de la Iglesia

Orígenes, *Una luz más poderosa que cualquier encantamiento*[1]

Es verosímil que al nacer Jesús, cuando «el ejército celeste», según escribió Lucas (*cfr.* Lucas 2, 13), y yo creo firmemente, alabó a Dios diciendo: «Gloria a Dios en el cielo, y en la tierra paz a los hombres de buena voluntad», los demonios perdieran su poder y su fuerza al romperse su encantamiento y debilitarse su poder. No solo fueron destruidos por los ángeles que bajaron a la tierra para celebrar el nacimiento de Jesús, sino también por el espíritu de Jesús mismo y la divinidad que habitaba en Él. Cuando los Magos quisieron realizar sus prácticas habituales y no lo lograron —prácticas que antes ejecutaban por medio de fórmulas y encantamientos—, buscaron la causa, que preveían extraordinaria, y al ver un signo divino en el cielo quisieron investigarlo. [...]

De ahí conjeturaron que debía haber nacido el hombre cuyo nacimiento había profetizado la estrella y, juzgándolo el demonio más poderoso, el ser más poderoso entre todos los seres que solían apare-

1. Orígenes, *Celso* 1, 60, en Orígenes, *Contro Celso. Opere scelte,* A. Colonna (ed.), Utet, Turín, 1971, pp. 109-111.

cérseles y que tenían un cierto poder mágico, quisieron adorarlo. [...] Después de conocer el lugar de nacimiento, trajeron sus bienes más preciados y se los ofrecieron a Él, que era, por así decirlo, en parte divino y en parte humano; las ofrendas eran simbólicas: el oro en cuanto rey, la mirra en cuanto mortal y el incienso en cuanto Dios. Y como el Salvador del género humano era Dios, que es superior a los ángeles que ayudan a los hombres, un ángel premió el gesto de los Reyes Magos que habían acudido a adorar a Jesús y los avisó de que no volvieran al palacio de Herodes, sino que volvieran a su tierra por otro camino (*cfr.* Mateo 2, 12).

10

El atractivo de la apacibilidad y la humildad

Bautismo del Señor
(Mateo 3, 13-17)

Por entonces viene Jesús desde Galilea al Jordán y se presenta a Juan para que lo bautice. Pero Juan intentaba disuadirlo diciéndole: «Soy yo el que necesito que tú me bautices, ¿y tú acudes a mí?». Jesús le contestó: «Déjalo ahora. Conviene que así cumplamos toda justicia». Entonces Juan se lo permitió. Apenas se bautizó Jesús, salió del agua; se abrieron los cielos y vio que el Espíritu de Dios bajaba como una paloma y se posaba sobre él. Y vino una voz de los cielos que decía: «Este es mi Hijo amado, en quien me complazco».

Hoy, fiesta del Bautismo de Jesús, el Evangelio nos cuenta lo que ocurrió a orillas del río Jordán: Jesús hace cola en medio de la muchedumbre penitente que avanza hacia Juan Bautista para recibir el bautismo. Juan quiere impedírselo y le dice: «Soy yo el que necesito que tú me bautices» (Mateo 3, 14). En efecto, el Bautista es consciente de la gran distancia que hay entre él y Jesús. Pero Jesús vino precisamente para colmar la distancia entre el hombre y Dios: Él es completamente divino, pero también completamente humano, une lo que había sido separado. Por eso pide a Juan que lo bautice, para que se haga justicia (v. 15), es decir, para que se cumplan los designios del Padre que exigen obediencia y solidaridad con el hombre frágil y pecador, humildad y entrega total de Dios a sus hijos. ¡Dios está siempre a nuestro lado!

En el momento en el que Jesús, bautizado por Juan, sale de las aguas del río Jordán, se oye la voz de Dios Padre en los cielos: «Este es mi Hijo amado, en quien me complazco» (v. 17). Al mismo tiempo, el Espíritu Santo, en forma de paloma, se posa sobre Jesús, que da públicamente inicio a su misión de salvación que se caracteriza por su actitud humilde y obediente cuya única fuerza es la verdad. Como había profetizado Isaías: «No gritará, no clamará, no voceará por las calles. La caña cascada no la quebrará, la mecha vacilante no la apagará. Manifestará la justicia con verdad» (Isaías 42, 2-3).

La humildad y la obediencia caracterizan la actitud de Jesús, y también la actitud misionera de los discípulos de Cristo: anunciar el Evangelio con apacibilidad y firmeza, sin gritar, sin regañar a nadie, sin arrogancia ni imposición. La verdadera misión no es hacer proselitismo, sino suscitar interés por Cristo. Pero ¿cómo se hace? Con el propio testimonio, a partir de la fuerte unión con Él en la oración, en la adoración y en la caridad, que es servicio a Jesús, presente en el más pequeño de los hermanos. Imitando a Jesús, pastor bueno y misericordioso, y animados por su gracia, estamos llamados a hacer de nuestra vida un testimonio de felicidad que ilumina el camino de esperanza y amor.

Esta fiesta nos hace recordar lo hermoso que es ser un pueblo de bautizados, es decir, de pecadores —todos lo somos— redimidos por la gracia de Cristo que participa, por obra del Espíritu Santo, en la relación filial de Jesús con el Padre y es acogido en el seno de la madre Iglesia en una comunión fraternal que no conoce confines ni barreras.

Que la Virgen María ayude a todos los cristianos a conservar una conciencia viva y agradecida por nuestro bautismo y a recorrer con fidelidad el camino inaugurado por este sacramento de nuestro renacimiento. Y siempre humildad, apacibilidad y firmeza.

Lecturas de los padres de la Iglesia

San Ambrosio de Milán, *La humildad de Jesús*[1]

A pesar de su naturaleza divina, Jesús se hizo hombre y «se humilló a sí mismo» (Filipenses 2, 7-8) porque Dios vino a liberar a los humillados. Se rebajó por nosotros. Su cuerpo no es, pues, cuerpo de muerte, sino de vida; su carne no es sombra de muerte, sino resplandor y gloria. No cabe sufrimiento en Él porque su cuerpo es consuelo para todos. Se rebajó para enseñarnos la humildad. Así pues, escucha su palabra: «Tomad mi yugo sobre vosotros y aprended de mí, que soy manso y humilde de corazón» (Mateo 11, 29). Se rebajó para enaltecernos a nosotros: «El que se humilla será enaltecido» (Mateo 23, 12). Pero no todos los que se humillan serán enaltecidos. Muchos se hundirán en la culpa hasta la perdición. Pero el Señor se rebajó hasta someterse a la muerte para ser exaltado en las puertas de la muerte.

Esta es la gracia de Cristo, toma nota, ¡ten en cuenta el bien que te ha hecho!

1. San Ambrosio de Milán, *Salmos* 43, 78, en san Ambrosio, *Commento a dodici Salmi,* L. F. Pizzolato (ed.), Biblioteca Ambrosiana-Città Nuova (Sancti Ambrosii episcopi Mediolanensis opera, 7-8), Milán-Roma, 1980, pp. 177-179.

11

¡Este es el cordero de Dios!

Segundo domingo del tiempo ordinario
(Juan 1, 29-34)

> Al día siguiente, al ver Juan a Jesús que venía hacia él, exclamó: «Este es el Cordero de Dios, que quita el pecado del mundo. Este es aquel de quien yo dije: "Tras de mí viene un hombre que está por delante de mí, porque existía antes que yo". Yo no lo conocía, pero he salido a bautizar con agua, para que sea manifestado a Israel».

El núcleo del Evangelio de hoy es la exclamación de Juan Bautista: «¡Este es el Cordero de Dios, que quita el pecado del mundo!» (Juan 1, 29). Una exclamación que va acompañada por una mirada y un gesto de la mano que lo señalan a Él, Jesús.

Imaginemos la escena: estamos a orillas del río Jordán y Juan está bautizando. Hay mucha gente, hombres y mujeres de distintas edades que han acudido al río para recibir el bautismo de las manos de ese hombre que a muchos les recordaba a Elías, el gran profeta que nueve siglos antes había purificado a los israelitas de la idolatría y había restablecido la verdadera fe en el Dios de la alianza, el Dios de Abraham, de Isaac y de Jacob.

Juan predica que el reino de los cielos se aproxima, que el Mesías está a punto de manifestarse y que hay que prepararse, convertirse y comportarse con justicia; empieza a bautizar en el Jordán para ofrecer al pueblo un medio concreto de penitencia (*cfr.* Mateo 3, 1-6). La gente acudía para arrepentirse de sus pecados, para hacer penitencia, para empezar una nueva vida. Juan sabe que el Mesías, el Consagrado del Señor, ya está cerca, y la señal para reconocerlo será que el Espíritu Santo se posará sobre Él. En efecto, Él traerá el verdadero bautismo que es el bautismo en el Espíritu Santo (Juan 1, 33).

Cuando llega la hora, Jesús se presenta en la orilla del río rodeado por la gente, pecadores como todos nosotros. Es su primer acto público, lo primero que hace cuando deja su casa de Nazaret a los treinta años: baja a Judea, va al Jordán y le pide a Juan que lo bautice. Sabemos lo que pasará, lo celebramos el domingo pasado, el Espíritu Santo en forma de paloma desciende sobre Jesús y la voz del

Padre lo proclama Hijo predilecto (*cfr.* Mateo 3, 16-17).

Es la señal que Juan esperaba. ¡Es Él! Jesús es el Mesías. Juan está desconcertado porque se ha manifestado de la forma que menos esperaba: entre los pecadores, pidiendo el bautismo como ellos, o mejor dicho, por ellos. Pero el Espíritu ilumina a Juan y le hace entender que de este modo se cumple la justicia de Dios, el designio divino: Jesús es el Mesías, el rey de Israel, pero no con el poder de este mundo, sino como Cordero de Dios que redime y quita el pecado del mundo.

Así lo indica Juan a la gente y a sus discípulos. Juan tenía muchos discípulos que lo habían elegido como guía espiritual y algunos de ellos se convertirán en los primeros discípulos de Jesús. Conocemos sus nombres: Simón, que después se llamará Pedro; su hermano Andrés; Santiago y su hermano Juan. Todos pescadores, todos galileos como Jesús.

Queridos hermanos y hermanas, hemos comentado esta escena durante un buen rato porque es un acontecimiento histórico y crucial cuyo valor va más allá de lo anecdótico. Es crucial para nuestra fe y para la misión de la Iglesia. La Iglesia de todos los tiempos está llamada a hacer lo que hizo Juan el Bautista, esto es, indicar a Jesús a la gente diciendo: «¡Este es el

Cordero de Dios, que quita el pecado del mundo!». ¡Él es el único Salvador! Él es el Señor, humilde y rodeado de pecadores, pero es Él. No es un poderoso más. ¡Es Él!

Estas son las palabras que los sacerdotes repetimos cada día durante la misa cuando ofrecemos a los fieles el pan y el vino convertidos en el cuerpo y la sangre de Cristo. Este gesto litúrgico representa toda la misión de la Iglesia, que no se anuncia a sí misma. Pobre de la Iglesia que se anuncie a sí misma: perdería la brújula, ¡no sabría adónde va! La Iglesia anuncia a Cristo, no se presenta a sí misma, presenta a Cristo. Porque Él y solo Él salva a su pueblo del pecado, lo libera y lo guía a la tierra de la verdadera libertad.

Que la Virgen María, Madre del Cordero de Dios, nos ayude a creer en Él y a seguirlo.

Lecturas de los padres de la Iglesia

Orígenes, *Jesús y el cordero de Dios*[1]

> Durante la fiesta de Pascua [judía] un cordero purifica al pueblo (*cfr.* Éxodo 12, 3) [...]. Nosotros [cristianos]

1. Orígenes, *Homilías sobre el libro de los Números* 22, 1, en Orígenes, *Omelie sui Numeri,* M. I. Danieli (ed.), Città Nuova (Testi patristici, 76), Roma, 2001, pp. 353-355.

decimos que es Nuestro Señor y Salvador en persona. En efecto, como Juan, el más grande de todos los profetas, comprendió: «Este es el Cordero de Dios, que quita el pecado del mundo» (Juan 1, 9). [...] No es que Jesucristo se transformara en un *cordero,* ¡por supuesto! Se dice que es un *cordero* porque a través de su amor intercedió por los hombres ante Dios y redimió a los pecadores; en definitiva, fue para el género humano como la víctima inmaculada e inocente de un *cordero* que reconcilió lo divino con lo humano.

Si un ángel, una fuerza celestial, un hombre justo o uno de los santos profetas o apóstoles intercede por los pecados de los hombres para reconciliarlos con Dios puede ser considerado como un *carnero* o un *becerro* o un *chivo* ofrecidos en sacrificio para purificar al pueblo.

12

Un diálogo que cambia el corazón

Tercer domingo del tiempo ordinario
(Mateo 4, 12-23)

Al enterarse Jesús de que habían arrestado a Juan, se retiró a Galilea. Dejando Nazaret, se estableció en Cafarnaúm, junto al mar, en el territorio de Zabulón y Neftalí.

[...] Desde entonces comenzó Jesús a predicar diciendo: «Convertíos, porque está cerca el reino de los cielos». Paseando junto al mar de Galilea vio a dos hermanos, a Simón, llamado Pedro, y a Andrés, que estaban echando la red en el mar, pues eran pescadores. Les dijo: «Venid en pos de mí y os haré pescadores de hombres». Inmediatamente dejaron las redes y lo siguieron. Y pasando adelante vio a otros dos hermanos, a Santiago, hijo de Zebedeo, y a Juan, su hermano, que estaban en la barca repasando las redes con Zebedeo, su padre, y los llamó. Inmediatamente dejaron la barca y a su padre y lo siguieron.

El Evangelio de hoy narra el comienzo de la predicación de Jesús en Galilea. Deja Nazaret, una aldea de montaña, y se establece en Cafarnaúm, una ciudad importante a orillas del lago, habitada en su mayor parte por paganos, encrucijada entre el Mediterráneo y el interior de Mesopotamia. Esta elección indica que no pretende hablar únicamente a sus compatriotas, sino a todos los que llegan a la cosmopolita «Galilea de los gentiles» (Mateo 4, 15; *cfr.* Isaías 8, 23).

Vista desde la capital, Jerusalén, es una zona geográficamente periférica y religiosamente impura porque está habitada por paganos y porque en ella viven muchas personas que no son originarias de Israel. No cabe duda de que a nadie se le había ocurrido pensar que en Galilea iban a tener lugar eventos cruciales para la historia de la salvación. Sin embargo, justo desde allí, desde ese lugar inesperado, se difunde la *luz* sobre la que hemos reflexionado los domingos pasados: la luz de Cristo.

El mensaje de Jesús corrobora el del Bautista y anuncia la llegada del «reino de los cielos» (v. 17); un reino que no conlleva la instauración de un nuevo poder político, sino el cumplimiento de la alianza entre Dios y su pueblo que dará inicio a un período de paz y de justicia. Para estrechar esta alianza con Dios, todos están llamados a convertirse y a transformar su manera de pensar y de vivir. El mensaje es el siguiente: convertirse no solo es cambiar la manera de vivir, sino también la de pensar. Es una transformación del pensamiento. No se trata de cambiar la apariencia, ¡hay que cambiar las costumbres!

Lo que diferencia a Jesús de Juan Bautista es la actitud y el método. Jesús elige ser un profeta itinerante. No espera que la gente vaya a él, sino que va a su encuentro. ¡Jesús está siempre en marcha! Sus primeras salidas misioneras tienen lugar alrededor del lago de Galilea, en contacto con la muchedumbre, sobre todo con los pescadores. Y Jesús no se dedica únicamente a proclamar la llegada del reino de Dios, también busca compañeros que participen en su misión salvadora.

En este mismo lugar conoce a cuatro pescadores: Simón, hermano de Andrés, y Santiago, hermano de Juan. Los llama diciendo: «Venid en pos de mí y os haré pescadores de hombres» (v. 19). La llamada llega en plena actividad de su jornada: el Señor no se presenta de manera extraordinaria o llamativa, sino en la cotidianidad de nuestra vida. Ese es el momento y el lugar para encontrarnos con el Señor, el contexto en que se revela y nos hace sentir su amor. El diálogo cotidiano con Él cambia nuestro corazón. La respuesta de los cuatro pescadores no se hace esperar: «Inmediatamente dejaron las redes y lo siguieron» (v. 20). Sabemos, en efecto, que habían sido discípulos del Bautista y que gracias a su testimonio ya habían empezado a creer en Jesús como el Mesías (*cfr.* Juan 1, 35-42).

Nosotros, cristianos de hoy, podemos proclamar y testimoniar con júbilo nuestra fe porque hubo ese primer anuncio, porque aquellos hombres humildes y valientes respondieron con generosidad a la llamada de Jesús. La primera comunidad de discípulos de Cristo nació donde nadie se esperaba, a orillas del lago. Que este ejemplo suscite en nosotros el deseo de llevar la palabra, el amor y la ternura de Jesús a todos los rincones, incluso a los más reacios. ¡Llevar la Palabra a los lugares más remotos! Cualquier lugar del mundo es terreno fértil al que arrojar las semillas del Evangelio para que dé frutos de salvación.

Que la Virgen María nos ayude con su maternal intercesión a responder con alegría a la llamada de Jesús, a ponernos al servicio del reino de Dios.

Lecturas de los padres de la Iglesia

San León Magno, *Dios nos habla con dulzura y afabilidad*[1]

Amadísimos hermanos, cuando el Señor Jesucristo predicaba el Evangelio del reino de los cielos y sanaba a los enfermos por toda Galilea, la fama de sus milagros se había extendido a Siria y la multitud acudía al médico celestial de toda Judea. Como a los hombres, en su ignorancia, les cuesta creer en lo que no ven y tener fe en lo que ignoran, la sabiduría divina tuvo que atraerlos mediante sanaciones corporales y milagros tangibles. [...] Tras haber curado sus almas sanando sus cuerpos, Jesús se alejó de la muchedumbre que lo rodeaba, subió a un montículo cercano y llamó a sus apóstoles. Y desde su mística cátedra llenó sus corazones de enseñanzas sublimes.

Al escoger un lugar así para predicar, quería darles a conocer que era Él mismo quien en otro tiempo se dignó hablar a Moisés. Pero mientras que entonces su justicia fue terrible, ahora, en cambio, era clemente. [...]

1. San León Magno, sermón 95, 1, en san León Magno, *Tractatus septem et nonaginta,* A. Chavasse (ed.), Corpus Christianorum. Series latina, 138A, Brepols, Turnhout, 1973, pp. 582-583.

El mismo que habló a Moisés habla ahora a los apóstoles y la mano ágil del Verbo dicta a sus discípulos el Nuevo Testamento. Sobre sus cabezas no acechaban, como en tiempos remotos, nubarrones, rayos y truenos que obligaban al pueblo, aterrorizado, a mirar desde lejos. Ahora habla de manera sencilla y dulce, dialogando con ellos para suavizar el rigor de la ley con la dulzura de la gracia y haciéndolos sentir aceptados para alejar el terror de la esclavitud.

13

La esperanza en Dios no defrauda nunca

Presentación del Señor en el templo (Lucas 2, 22-40)

> Impulsado por el Espíritu, [Simeón] fue al templo, y cuando sus padres llevaron allí al niño Jesús para cumplir con lo establecido por la ley, Simeón lo tomó en brazos y bendijo a Dios diciendo: «Ahora, Señor, según tu promesa, puedes dejar a tu siervo irse en paz. Porque mis ojos han visto a tu Salvador, a quien has presentado ante todos los pueblos: luz para alumbrar a las naciones y gloria de tu pueblo Israel».

La liturgia de hoy nos presenta a Simeón que «impulsado por el Espíritu» (Lucas 2, 27) toma al Niño en brazos, lo bendice y lo alaba. Su corazón rebosa de júbilo porque Dios habita en medio de su pueblo: lo siente carne de su carne.

El canto de Simeón es el canto del hombre creyente que, al final de sus días, puede afirmar: es cierto, la esperanza en Dios no defrauda nunca (*cfr.* Romanos 5, 5), Dios no defrauda. Simeón y Ana son fecundos a pesar de su vejez y lo testimonian cantando: vale la pena vivir con esperanza porque el Señor cumple sus promesas.

Hemos heredado de nuestros padres [los santos],[1] este canto de esperanza. Ellos nos han introducido en esta *dinámica.* En sus rostros, en sus vidas, en su entrega cotidiana y constante pudimos ver cómo esta alabanza se hizo carne. Somos herederos de los sueños de nuestros padres, herederos de su esperanza.

Recibir el sueño de nuestros padres nos ayuda para poder profetizar hoy y volver a encontrar lo que encendió nuestro corazón en el pasado. Sueño y profecía juntos. Memoria de cómo soñaron nuestros ancianos, nuestros padres y madres, y valor para seguir creyendo, proféticamente, en ese sueño.

Esta actitud nos protegerá de la tentación de la supervivencia, un mal que puede instalarse poco a poco en nuestro interior, en nuestras comunidades. Vivir para sobrevivir nos vuelve miedosos, nos encierra lenta y silenciosamente en nuestras casas y en nuestros esquemas. Nos proyecta hacia atrás, busca

1. *N. del E.*

atajos para eludir los retos que llaman a nuestra puerta. En resumidas cuentas, la tentación de sobrevivir convierte en amenaza, en tragedia, lo que el Señor nos presenta como una oportunidad para llevar a cabo su misión.

Lo que animó el canto de alabanza de Simeón y Ana no fue mirarse a sí mismos ni analizar su situación personal. No fue encerrarse por miedo a que les pasara algo malo. Lo que suscitó su canto fue la esperanza que los sostenía en la vejez y que se hizo realidad al encontrarse con Jesús. Cuando María pone en brazos de Simeón al Hijo de la Promesa, el anciano empieza a alabarlo, pronuncia una verdadera *liturgia*, canta sus sueños. Cuando pone a Jesús en medio de su pueblo, este encuentra la alegría. Sí, eso es lo único que podrá devolvernos la alegría y la esperanza, que nos salvará de vivir para sobrevivir, que hará fecunda nuestra vida y mantendrá vivo nuestro corazón: poner a Jesús donde debe estar, en medio de su pueblo.

¡Y ponernos con Jesús en medio de su pueblo! No como activistas de la fe, sino como hombres y mujeres unidos por el bautismo que comparten con los demás el consuelo de Dios que nos perdona continuamente. Nos ponemos con Jesús en medio de su pueblo porque «sentimos el desafío de descubrir y transmitir la *mística* de vivir juntos, de mezclarnos, de encontrarnos. [...] Salir de sí mismo para unirse a otros»[2] no solo sienta bien, sino que transforma nuestra vida y nuestra esperanza en un canto de alabanza. Pero solo podremos conseguirlo si hacemos nuestros los sueños de nuestros ancianos y los transformamos en profecía.

Acompañemos a Jesús en el encuentro con su pueblo, a estar en medio de su pueblo, no lamentándonos o angustiándonos porque nos olvidamos de profetizar, porque no hicimos nuestros los sueños de nuestros padres, sino alabándolo con serenidad, sin prisas, con la paciencia de quien confía en el Espíritu, Señor de los sueños y de la profecía. Compartiendo lo que nos pertenece: el canto que nace de la esperanza.

Lecturas de los padres de la Iglesia

San Sofronio de Jerusalén, *La luz que ilumina a todos los hombres*[3]

Este es nuestro misterio: «que la luz vino al mundo» (Juan 3, 19) y, estando el hombre en las tinieblas, lo ilu-

2. Papa Francisco, exhortación apostólica *Evangelii gaudium,* 87. *(N. del E.)*

3. San Sofronio de Jerusalén, oración 5, 7, en san Sofronio de Jerusalén, *Omelie*, A. Gallico (ed.), Città Nuova (Testi patristici, 92), Roma, 1991, pp. 142-143.

minó porque «nos visitará el sol que nace de lo alto» (Lucas 1, 78) e iluminó a los que viven en las tinieblas. [...] Acudamos todos juntos, salgamos al encuentro de Dios, porque si titubeamos podríamos ser acusados de ingratitud o de desprecio; evitemos que pueda decirnos, como justamente dijo a los judíos que estaban en las tinieblas privados de luz: «La luz vino al mundo, y los hombres prefirieron las tinieblas a la luz, porque sus obras eran malas» (Juan 3, 19). [...] Llega, pues, la luz verdadera que ilumina a todos los hombres que vienen al mundo (*cfr.* Juan 1, 9). Hermanos, iluminémonos todos, resplandezcamos. Que ninguno de nosotros quede privado de la luz, contagiado por la oscuridad. Avancemos resplandecientes, juntos, iluminados, vayamos a su encuentro y acojamos con el viejo Simeón la luz resplandeciente y eterna, y, regocijándonos con Él en el Espíritu, entonemos un cántico de acción de gracias al Padre y creador de la luz, que nos ha dado la luz verdadera, que ha alejado las tinieblas de nosotros y nos ha hecho resplandecer. Hemos visto en Él la salvación de Dios para todos los pueblos, mostrada para gloria del nuevo Israel que somos; hemos sido liberados de inmediato del oscuro y viejo pecado, como Simeón, que viendo a Cristo fue liberado de esta vida.

14

Dar sabor a la vida con la fe

Quinto domingo del tiempo ordinario (Mateo 5, 13-16)

> Vosotros sois la sal de la tierra. Pero si la sal se vuelve sosa, ¿con qué la salarán? No sirve más que para tirarla fuera y que la pise la gente. Vosotros sois la luz del mundo. No se puede ocultar una ciudad puesta en lo alto de un monte. Tampoco se enciende una lámpara para meterla debajo de un cajón, sino para ponerla en el candelero y que alumbre a todos los de casa. Brille así vuestra luz ante los hombres, para que vean vuestras buenas obras y den gloria a vuestro Padre que está en los cielos.

En estos domingos, la liturgia nos propone el llamado *sermón de la montaña* del Evangelio de Mateo. El pasaje de hoy pone de relieve las palabras de Jesús que describen la misión de sus discípulos en el mundo.

Utiliza las metáforas de la sal y de la luz y sus palabras están dirigidas a los discípulos de todos los tiempos; así pues, también a nosotros. Jesús se expresa con un lenguaje sencillo para que todos puedan comprender su mensaje.

Nos invita a ser un reflejo de su luz mediante el ejemplo de las buenas acciones. Y dice: «Brille así vuestra luz ante de los hombres, para que vean vuestras buenas obras y den gloria a vuestro Padre que está en los cielos» (Mateo 5, 16). Estas palabras subrayan que los cristianos somos reconocibles como verdaderos discípulos de Aquel que es la luz del mundo no por lo que decimos, sino por cómo obramos. En efecto, es nuestro comportamiento el que, para bien o para mal, deja una huella en los demás. Tenemos, pues, un deber y una responsabilidad que derivan del don recibido: debemos compartir la luz de la fe, que está en nosotros por medio de Cristo y de la acción del Espíritu Santo, porque no es de nuestra propiedad. Los cristianos estamos llamados a hacerla resplandecer en el mundo, a donarla a los demás mediante las buenas acciones. La luz de nuestra fe se refuerza al compartirla y se debilita si no la alimentamos con el amor y con las obras de caridad.

¡El mundo necesita la luz del Evangelio que transforma, sana y asegura la salvación a quien la acoge! Es la luz que debemos llevar a todas partes con nuestras buenas acciones. Ilumina con tu luz, pero guárdate de la tentación de iluminarte a ti mismo, que es la espiritualidad del espejo. ¡Defiéndete de la tentación de preocuparte por ti mismo!

Es así como la imagen de la luz se encuentra con la de la sal. En efecto, el fragmento evangélico nos dice que, como discípulos de Cristo, somos «la sal de la tierra» (v. 13). La sal es un compuesto que da sabor y al mismo tiempo conserva los alimentos (¡en la época de Jesús no había neveras!). Por lo tanto, la misión de los cristianos en la sociedad es dar *sabor* a la vida con la fe y el amor que Cristo nos ha dado y al mismo tiempo mantener alejados a los gérmenes contaminantes del egoísmo, de la envidia, de la maledicencia, etc. Estos gérmenes arruinan el tejido de nuestras comunidades, que deben, en cambio, resplandecer como lugares de acogida, de solidaridad, de reconciliación. Para cumplir esta misión debemos ser los primeros en deshacernos de la degeneración que nos corrompe, esto es, de las influencias mundanas contrarias a Cristo y al Evangelio; y esta purificación no termina nunca, se debe hacer continuamente, ¡cada día!

La sal es sal cuando se da. Este es otro comportamiento característico del cristiano: darse, dar sabor a la vida de los demás, dar sabor a todo lo que podamos con el mensaje del Evangelio. Darse. No salvaguardarse a sí mismo. La sal no es para el cristiano, el cristiano debe regalarla. El cristiano la posee para donarla, la sal debe ser donada, no retenida.

Cada uno de nosotros está llamado a ser luz y sal en su proprio ambiente de la vida cotidiana, perseverando en la tarea de regenerar la realidad humana en el espíritu del Evangelio y en la perspectiva de reino de Dios. Que la protección de María Santísima, primera discípula de Jesús y modelo de los creyentes que viven cotidianamente su vocación y misión, nos sea siempre de ayuda. Que nuestra Madre nos ayude a dejarnos purificar e iluminar por el Señor cotidianamente para convertirnos a nuestra vez en «sal de la tierra» y «luz del mundo».

Lecturas de los padres de la Iglesia

San Cromacio de Aquilea, *¿Qué significa ser la sal de la tierra?*[1]

El Señor llama a sus apóstoles sal de la tierra. Veamos

1. San Cromacio de Aquilea, en *Mateo* 18 (4), 1,1.3; 2, 1-3; 3, 3, en san Cromacio de Aquilea, *Commento a Matteo*, G. Banterle (ed.), Biblioteca Ambrosiana-Città Nuova (Scrittori dell'area santambrosiana, 3, 2), Milán-Roma 1990, pp. 123-127.

qué pretende al compararlos con ella. [...] Los apóstoles, en efecto, se han convertido en la sal de nuestra tierra porque gracias a ellos hemos recibido la palabra de la sabiduría y por nacimiento celestial hemos sido transformados en una naturaleza espiritual. [...]

Del mismo modo que la sal actúa en la carne, impidiendo que se pudra, huela mal y le salgan gusanos, la gracia celestial y la fe, que nos ha sido transmitida por medio de los apóstoles, actúa sobre nosotros con un procedimiento análogo. Quita, en efecto, la corrupción de la concupiscencia de la carne, purifica la suciedad del pecado, elimina el hedor que desprende una vida de malas acciones e impide que nazcan los gusanos de la culpa, es decir, que salgan del cuerpo placeres libidinosos y transmisores de muerte, protegiendo nuestro cuerpo del gusano inmortal que atormenta a los pecadores y del que está escrito: «Su gusano no muere, su fuego no se extingue» (Isaías 66, 24). Como la sal, que se aplica por fuera, pero cuyas propiedades actúan en el interior, la gracia celestial penetra en lo que está fuera y en lo que está dentro del hombre y lo conserva íntegro del pecado, sin corrupción. [...]

Por eso, justamente, el Señor llama a sus discípulos sal de la tierra, porque los llenó de sí mismo y de su sabiduría celestial. Por eso afirmó que eran la sal de la tierra y la luz del mundo.

15

Cristianos no *de fachada*, sino de corazón

Sexto domingo del tiempo ordinario (Mateo 5, 17-37)

No creáis que he venido a abolir la ley y los profetas; no he venido a abolir, sino a dar cumplimiento. [...] En verdad os digo que si vuestra justicia no es mayor que la de los escribas y fariseos, no entraréis en el reino de los cielos. Habéis oído que se dijo a los antiguos: «No matarás», y el que mate deberá ser procesado. Pero yo os digo: todo el que se deja llevar por la cólera contra su hermano será procesado. [...]
Habéis oído que se dijo: «No cometerás adulterio». Pero yo os digo: todo el que mira a una mujer deseándola ya ha cometido adulterio con ella en su corazón. [...]
También habéis oído que se dijo a los antiguos: «No jurarás en falso» y «Cumplirás tus juramentos al Señor». Pero yo os digo que no juréis

> en absoluto. [...] Que vuestro hablar sea sí, sí, no, no. Todo lo que se diga de más viene del Maligno.

La liturgia de hoy nos presenta otra página del sermón de la montaña del Evangelio de san Mateo. En este pasaje, Jesús quiere ayudar a quienes lo escuchan a realizar una relectura de la ley mosaica. Lo que fue dicho en la antigua alianza era cierto, pero no era todo: Jesús ha venido para dar cumplimento y para promulgar de manera definitiva la ley de Dios «hasta la última letra o tilde» (Mateo 5, 18). Él declara su objetivo original y cumple con sus aspectos auténticos, y lo hace predicando e incluso ofreciéndose en la cruz. De esta manera, Jesús enseña cómo cumplir plenamente la voluntad de Dios, haciendo referencia a una «justicia superior» a la de los escribas y los fariseos (v. 20). Una justicia inspirada en el amor, la caridad, la misericordia, y, por lo tanto, capaz de cumplir la esencia de los mandamientos, evitando el riesgo del formalismo que se conforma con decir lo que se puede hacer o no, con poner límites; Jesús, en cambio, pide más.

En el Evangelio de hoy, Jesús examina de manera especial tres aspectos, tres mandamientos: el homicidio, el adulterio y el juramento.

Con respecto al mandamiento «no matarás», afirma que no solo el homicidio efectivo viola la ley, sino también los comportamientos que ofenden la dignidad de la persona humana, incluidas las injurias (v. 22). Las injurias no son igual de graves que el homicidio ni tienen su mismo grado de culpabilidad, por descontado, pero se parecen a grandes rasgos porque son sus premisas y revelan la misma mala intención. Jesús nos invita a no establecer una jerarquía de las ofensas, sino a considerarlas todas dañinas en cuanto impulsadas por la mala intención. Y pone un ejemplo: insultar. A pesar de que para nosotros sea tan normal como decir «buenos días», insultar tiene algo en común con el homicidio. Quien insulta a su hermano mata a su hermano en su corazón. Por favor, ¡no insultéis! No ganamos nada insultando.

Otro precepto de la ley mosaica se refiere al matrimonio. El adulterio estaba considerado una violación del derecho de propiedad del hombre sobre la mujer. Jesús, en cambio, llega hasta la raíz del mal. De la misma forma que puede llegarse al homicidio a través de las injurias, las ofensas y los insultos, se puede llegar al adulterio deseando a la mujer del prójimo. El adulterio, como el robo, la corrupción y todos los demás pecados, primero son concebidos en nuestro fuero interno y después, una vez realizada la elección equivocada, se ponen en práctica con el comportamiento. Y Jesús dice: el que desea a la mujer del prójimo es un adúltero en su corazón, ha emprendido el camino del adulterio. Os invito a reflexionar sobre los malos pensamientos.

Jesús también les dice a sus discípulos que no juren, pues el juramento es una señal de la inseguridad y de la falsedad que imperan en las relaciones humanas. Se instrumentaliza la autoridad de Dios para corroborar los asuntos humanos cunado deberíamos, en cambio, instaurar entre nosotros, en nuestras familias y en nuestras comunidades, un clima de transparencia y de confianza recíproca, de modo que podamos ser considerados sinceros sin involucrar a Dios para que nos crean. ¡La desconfianza y el recelo recíprocos son una amenaza para la serenidad!

Que la Virgen María, que obedeció con júbilo a Dios, nos ayude a acercarnos cada vez más al Evangelio para que seamos cristianos no *de fachada*, ¡sino de corazón! Y esto es posible con la gracia del Espíritu Santo, que nos permite hacer todo con amor, y cumplir así plenamente la voluntad de Dios.

Lecturas de los padres de la Iglesia

San Doroteo, *Soportemos los insultos y admitamos que somos pecadores*[1]

Tratemos de averiguar, hermanos, por qué a veces escuchamos una palabra desagradable y fingimos no haberla oído, mientras que otras veces nos aflige. ¿Por qué reaccionamos de manera diferente? [...] En primer lugar, cuando acabamos de rezar o de meditar y nuestro estado de ánimo está, por decirlo de alguna manera, fortalecido, soportamos mejor las ofensas de los hermanos y no le damos muchas vueltas. Otras veces le tenemos afecto a la persona que nos ofende y soportamos sin aflicción lo que nos hace o dice.

Quiero contaros una anécdota que os asombrará. En el monasterio donde vivía había un hermano al que nada turbaba ni molestaba. Sin embargo, me daba cuenta de que muchos hermanos lo trataban mal y lo menospreciaban. [...] Un día lo llevé aparte [...] y lo invité a decirme qué sentía en su fuero interno cuando lo trataban mal o le hacían algún desplante, visto que mostraba tanta paciencia. Me respondió con naturalidad, con franqueza; me dijo: «Acepto sus

1. San Doroteo de Gaza, *Enseñanza* 7, 79-80, en san Doroteo de Gaza, *Insegnamenti spirituali,* M. Paparozzi (ed.), Città Nuova (Testi patristici, 21), Roma, 1993, pp. 127-128.

insultos como los perros los aceptan de los hombres». Cuando lo escuché, bajé las orejas y me dije: «¡Este hermano ha encontrado el camino!»; después me santigüé y me fui pidiéndole a Dios que nos protegiera a ambos.

16

La *revolución* cristiana

Séptimo domingo del tiempo ordinario
(Mateo 5, 38-48)

> Habéis oído que se dijo: «Amarás a tu prójimo y aborrecerás a tu enemigo». Pero yo os digo: amad a vuestros enemigos y rezad por los que os persiguen, para que seáis hijos de vuestro Padre celestial, que hace salir su sol sobre malos y buenos, y manda la lluvia a justos e injustos. Porque, si amáis a los que os aman, ¿qué premio tendréis? ¿No hacen lo mismo también los publicanos? Y si saludáis solo a vuestros hermanos, ¿qué hacéis de extraordinario? ¿No hacen lo mismo también los gentiles? Por tanto, sed perfectos, como vuestro Padre celestial es perfecto.

El Evangelio de este domingo es una de las páginas que mejor expresan la *revolución* cristiana. Jesús muestra el camino de la verdadera justicia mediante la ley del amor, que supera la del talión («ojo por ojo y diente por diente»). Esta antigua regla imponía infligir a los transgresores penas equivalentes a los daños causados: la muerte a quien había cometido homicidio, la amputación a quien había herido a alguien, y así sucesivamente.

Jesús no pide a sus discípulos que soporten el mal, es más, pide reaccionar, pero no con más mal, sino con el bien. Solo así se rompe la cadena del mal y cambian realmente las cosas. En efecto, el mal es un *vacío*, la ausencia de bien, y un vacío no se puede llenar con otro, sino solo con un *lleno,* es decir, con el bien. Los conflictos nunca se resuelven con represalias. «Te haré lo mismo que me has hecho» ni es cristiano ni resuelve nada.

Para Jesús, el rechazo de la violencia puede incluso conllevar la renuncia a un derecho legítimo; da algunos ejemplos: poner la otra mejilla, ceder la túnica y el dinero, aceptar otros sacrificios (Mateo 5, 39-42). Pero esta renuncia no significa que las exigencias de la justicia sean ignoradas o contradichas; no, al contrario, el amor cristiano, que se manifiesta sobre todo mediante la misericordia, representa una realización superior de la justicia. Lo que Jesús nos quiere enseñar es que tenemos que distinguir entre la justicia y la venganza. La venganza nunca es justa. Está permitido pedir justicia, es nuestro deber practicar la justicia, pero está prohibido vengarse o fomentar cualquier forma de venganza, expresiones del odio y la violencia. En este sentido, Jesús quiere proponer un camino que no se limita al cumplimiento de la ley, sino que abarca la sanación del corazón.

Jesús no quiere proponer un nuevo ordenamiento civil, sino imponer el mandamiento del amor al prójimo que abarca el amor por los enemigos: «Amad a vuestros enemigos y rezad por los que os persiguen» (v. 44). Y esto no es fácil. No hay que entenderlo como aprobación del mal causado por el enemigo, sino como invitación a verlo desde una perspectiva superior, una perspectiva magnánima, parecida a la del Padre celestial, el cual —dice Jesús— «hace salir su sol sobre malos y buenos, y manda la lluvia a justos e injustos» (v. 45). En efecto, nuestro enemigo también es una persona, y como tal ha sido creada a imagen de Dios, a pesar de que esta imagen esté ofuscada por una conducta indigna.

Cuando hablamos de *enemigos* no debemos pensar en una clase de personas diferentes que nada tienen que ver con nosotros; también hablamos de nosotros mismos cuando entramos en conflicto con el prójimo o, a veces, con nuestros familiares. ¡Cuántas enemistades hay en las familias! ¡Cuántas! Enemigos son también quienes hablan mal de nosotros, nos calumnian y nos hacen desplantes. No es fácil aceptarlo, pero estamos llamados a responderles con el bien, que también tiene sus estrategias inspiradas en el amor.

Que el Señor nos conceda la gracia de ser capaces de rezar por nuestros enemigos, por quienes nos odian y nos persiguen. Cada uno de nosotros sabe sus nombres y apellidos. Os aseguro que esta oración os hará mejores porque la oración es poderosa y nos hará tomar conciencia de que somos hijos del Padre.

Que la Virgen María nos ayude a seguir a Jesús en este difícil camino de exaltación de la dignidad humana que nos hace vivir como hijos de nuestro Padre que está en los cielos. Que Él nos ayude a practicar la paciencia, el diálogo, el perdón, y a ser artesanos de comunión, artesanos de fraternidad en nuestra vida cotidiana, sobre todo en nuestras familias.

Lecturas de los padres de la Iglesia

San Ambrosio de Milán, *Jesús perdonó a sus verdugos*[1]

Si corresponder el amor es común a todos, incluso a los pecadores, quien profesa una fe más firme también

1. San Ambrosio de Milán, en *Lucas* 5, 75-79, en san Ambrosio, *Esposizione del Vangelo secondo Luca,* G. Coppa (ed.), Biblioteca Ambrosiana-Città Nuova (Sancti Ambrosii episco-

debe poner una atención más fecunda en la virtud de amar a quien no nos ama. [...] Yendo más allá de las palabras contenidas en la Ley y en la filosofía más elevada, el Señor Jesús ha querido que la obligación de la piedad se extendiera a los que nos tratan injustamente. [...] Todo esto el Señor lo ha dicho y lo ha hecho. En efecto, no devolvía el insulto cuando lo insultaban (*cfr.* 1 Pedro 2, 23), no pegaba cuando le pegaban, no opuso resistencia cuando le quitaron la túnica y cuando lo crucificaron pidió el perdón de sus verdugos diciendo: «Padre, perdónalos, porque no saben lo que hacen» (Lucas 23, 34). Excusaba de toda culpa a quienes lo habían inculpado. Mientras ellos le preparaban la cruz, Él les ofrecía a cambio salvación y amor. Sin embargo, puesto que el esfuerzo para alcanzar la virtud se debilita si no tiene recompensa, nos dio ejemplo y nos prometió el cielo, asegurando que quien lo imitara se convertiría en hijo de Dios (*cfr.* 1 Juan 3, 1). [...]

¡Qué grande y misericordiosa recompensa la que nos da derecho a convertirnos en hijos de Dios! Sigue, pues, la misericordia, para merecer la gracia. La benevolencia de Dios no tiene límites: hace llover sobre los injustos (*cfr.* Mateo 5, 45).

---

pi Mediolanensis opera, 11-12), Milán-Roma, 1978, pp. 419-421.

17

Libres de la tiranía de la apariencia

Miércoles de Ceniza
(Mateo 6, 1-6, 16-18)

Cuidad de no practicar vuestra justicia delante de los hombres para ser vistos por ellos; de lo contrario no tendréis recompensa de vuestro Padre celestial. [...] Cuando hagas limosna, que no sepa tu mano izquierda lo que hace tu derecha; así tu limosna quedará en secreto y tu Padre, que ve en lo secreto, te recompensará. [...] Cuando ores, entra en tu cuarto, cierra la puerta y ora a tu Padre, que está en lo secreto, y tu Padre, que ve en lo secreto, te lo recompensará. [...] Cuando ayunes, perfúmate la cabeza y lávate la cara, para que tu ayuno lo noten no los hombres, sino tu Padre, que está en lo escondido; y tu Padre, que ve en lo escondido, te recompensará.

En el Evangelio de hoy, Jesús habla de la limosna, la oración y el ayuno, que son los tres pilares de la piedad cristiana, de la conversión interior que la Iglesia nos propone a todos en Cuaresma. Estos pilares comportan la necesidad de no dejarse dominar por las apariencias; lo que cuenta no es el aspecto exterior, el valor de la vida no depende de la aprobación de los demás o del éxito, sino de lo que llevamos dentro.

Por eso el Señor menciona algunas clases de hipócritas de lo sagrado, es decir, gente que se pavonea cuando hace limosna, reza o ayuna. Creo que cuando la hipocresía llega a tal punto, estamos cerca de cometer un pecado contra el Espíritu Santo. No conocen la hermosura, el amor o la verdad, son viles e insignificantes. Tengamos cuidado porque todos podemos convertirnos en hipócritas.

El primer pilar del camino cuaresmal es la limosna. A este propósito, Jesús nos pone en guardia sobre la tentación de usar la penitencia, la oración, el ayuno y la limosna para alimentar nuestra vanidad, para presumir. Estos comportamientos no son auténticos, sino hipócritas. Por eso, cuando Jesús dice: «Cuando reces, cierra la puerta; cuando des limosna, que no sepa tu mano izquierda lo que hace la derecha; cuando ayunes, no languidezcas delante de los demás», es lo mismo que si dijera: «Por favor, cuando hagáis una buena acción, no os vanagloriéis, porque es solo para el Padre».

El segundo pilar es la oración. La oración es la fuerza del cristiano, de todo creyente. Cuando nos sentimos débiles y frágiles, podemos dirigirnos a Dios con la confianza de un hijo y entrar en comunión con Él. Ante las muchas heridas que causan dolor y podrían aridecer nuestro corazón, estamos llamados a sumergirnos en el mar de la oración, que es el mar del amor sin límites de Dios, para que nos consuele con su ternura. La Cuaresma es tiempo de oración, de una oración más intensa, prolongada y asidua, más atenta a las necesidades de nuestros hermanos; una oración de intercesión ante Dios por la pobreza y el sufrimiento que hay en el mundo.

El tercer pilar que caracteriza el camino cuaresmal es el ayuno. Debemos tener cuidado con no practicar un ayuno formal que nos *sacie* porque nos hace sentir que hemos cumplido. El ayuno tiene sentido si hace que nuestras certezas se tambaleen realmente, si supone un beneficio para los demás, si nos ayuda a practicar el camino del buen samaritano que se detiene al ver a un hermano en apuros y lo ayuda. El ayuno comporta la elección de una vida sobria, que no derrocha ni *descarta*. Ayunar ayuda a entrenar el corazón para lo esencial y para compartir. Es un signo de toma de conciencia y de responsabilidad frente a la injusticia y al abuso, sobre todo de los más pobres y desamparados, y es el signo de confianza que depositamos en Dios y en su providencia.

Pidamos al Señor que nos salve de la hipocresía y nos dé la gracia de su amor, de la clarividencia, de la magnanimidad y de la alegría.

Lecturas de los padres de la Iglesia

San Bernabé, *El camino de la luz*[1]

> El camino de la luz es este. [...] Amarás al que te creó, temerás al que te moldeó, glorificarás al que te libró de la muerte. Serás sencillo de corazón y rico de espíritu y no te juntarás con los que andan por el camino de la muerte. Aborrecerás todo lo que a Dios le desagrada y la hipocresía. No abandonarás los mandamientos del Señor. No presumirás, sino que serás humilde en todo sin buscar tu propia gloria. No cobijarás malos propósitos contra tu prójimo ni infundirás a tu alma la arrogancia. No fornicarás, no cometerás adulterio ni corromperás a los jóvenes. No pronunciarás la

1. San *Bernabé* 19, 1-3, en *I Padri apostolici,* A. Quacquarelli (ed.), Città Nuova (Testi patristici, 5), Roma, 1976, pp. 211-212.

palabra de Dios entre depravados. No harás excepciones cuando debas reprender a alguien por sus pecados. Serás apacible, tranquilo y temeroso de la palabra de Dios. No guardarás rencor a tu hermano. No vacilarás en tu fe. No pronunciarás el nombre de Dios en vano. Amarás a tu prójimo como a ti mismo. No matarás al niño en el vientre de la madre, ni una vez nacido le quitarás la vida. Te preocuparás por tus hijos y les enseñarás el temor de Dios desde la infancia. No codiciarás los bienes de tu prójimo ni serás avaro. No te juntarás con los soberbios y tratarás con los humildes y los justos. Aceptarás lo que Dios disponga como un regalo que te ofrece, porque todo lo que sucede es el cumplimiento de su voluntad.

18

Responder únicamente con la Palabra de Dios

Primer domingo de Cuaresma
(Mateo 4, 1-11)

> El tentador se le acercó y le dijo: «Si eres Hijo de Dios, di que estas piedras se conviertan en panes». Pero él le contestó: «Está escrito: *No solo de pan vive el hombre, sino de toda palabra que sale de la boca de Dios*». [...] De nuevo el diablo lo llevó a un monte altísimo y le mostró los reinos del mundo y su gloria, y le dijo: «Todo esto te daré si te postras y me adoras». Jesús le respondió: «Vete, Satanás, porque está escrito: *Al Señor, tu Dios, adorarás y a él solo darás culto*». Entonces lo dejó el diablo, y he aquí que se acercaron los ángeles y lo servían.

El Evangelio de este primer domingo de Cuaresma nos introduce en el camino hacia la Pascua mostrando a Jesús cuando permanece durante cuarenta días en el desierto acometido por las tentaciones del diablo. Este episodio tiene lugar en un momento concreto de la vida de Jesús: justo después del bautismo en el río Jordán y antes de su ministerio público. Acaba de recibir la investidura solemne, pues el Espíritu de Dios ha descendido sobre Él y el Padre del cielo ha declarado: «Este es mi Hijo amado» (Mateo 3, 17). Jesús ya está listo para empezar su misión y afronta a Satanás, su enemigo declarado, *cuerpo a cuerpo*.

El diablo hace hincapié precisamente en el título de *Hijo de Dios* para alejar a Jesús del cumplimiento de su misión, y le repite: «Si eres Hijo de Dios...» (vv. 3 y 6). Después le propone que haga *magia*, gestos milagrosos como transformar las piedras en pan para saciar su hambre o tirarse desde la muralla del templo y llamar a los ángeles para que lo salven. A estas dos tentaciones, les sigue una tercera: si lo adora, si adora al diablo, dominará el mundo (v. 9).

Mediante esta triple tentación, Satanás quiere desviar a Jesús del camino de la obediencia y de la humillación —porque sabe que, de este modo, el mal será derrotado— y conducirlo por el falso atajo del éxito y de la gloria. Pero Jesús *para* las flechas venenosas del diablo con el escudo de la Palabra de Dios (vv. 4, 7 y 10) que expresa la voluntad del Padre. Jesús no pronuncia palabra propia alguna, responde solamente con la Palabra de Dios. Y así el Hijo, lleno de la fuerza del Espíritu Santo, sale victorioso del desierto.

Durante los cuarenta días de la Cuaresma estamos invitados, como cristianos, a seguir los pasos de Jesús y afrontar el combate espiritual contra el Maligno con la fuerza de la Palabra de Dios. No con la nuestra, que no sirve. Es la Palabra de Dios la que posee la fuerza para derrotar a Satanás. Por eso es necesario familiarizarse con la Biblia, leerla a menudo, meditarla, asimilarla. La Biblia contiene la Palabra de Dios, que siempre es actual y eficaz.

Alguien ha dicho: ¿Qué pasaría si tratáramos la Biblia como tratamos nuestro móvil? ¿Si la lleváramos siempre con nosotros (o al menos un Evangelio de bolsillo)? ¿Si volviéramos a buscarla cuando la olvidamos como cuando nos dejamos el móvil? («¡Ay! Me lo he dejado en casa. Vuelvo a por él»). ¿Si la abriéramos varias veces al día? ¿Si leyéramos los mensajes de Dios contenidos en la Biblia como leemos los mensajes del móvil? ¿Qué pasaría?

Obviamente se trata de una comparación paradójica, pero sirve para hacernos reflexionar. En efecto, si tuviéramos la Palabra de Dios siempre en el corazón, ninguna tentación podría alejarnos de Él y ningún obstáculo podría conseguir desviarnos del camino del bien; sabríamos vencer las tentaciones diarias del mal que está en nosotros y fuera de nosotros; estaríamos más preparados para vivir una vida resucitada según el Espíritu, acogiendo y amando a nuestros hermanos, especialmente a los más débiles y necesitados, y también a nuestros enemigos.

Que la Virgen María, icono perfecto de la obediencia a Dios y de la fe incondicional en su voluntad, nos ayude a recorrer el camino cuaresmal para que seamos capaces de oír y obedecer la Palabra de Dios y obrar una verdadera conversión de nuestro corazón.

Lecturas de los padres de la Iglesia

San Agustín, *El Espíritu habla por vosotros*[1]

> Que nadie, cuando hable, cuente solo con su sabiduría; que nadie, cuando la tentación lo acometa, confíe en sus fuerzas. En efecto, las palabras rectas y prudentes, la sabiduría con la que hablamos debe venir de Dios, y para resistir al mal con fortaleza, nuestra paciencia debe venir de Él.

1. San Agustín, *sermón* 276, 1-2, en san Agustín, *Discorsi sui Santi,* vol. V, A. Quacquarelli y M. Recchia (eds.), Città Nuova (Nuova Biblioteca Agostiniana, 33), Roma, 1986, pp. 23-25.

Pensad en Nuestro Señor Jesucristo que, según el Evangelio, advierte a sus discípulos; pensad en el Rey de los mártires que proporciona a sus ejércitos las armas del espíritu, prevé guerras, suministra ayuda y promete recompensas. Él, tras haber dicho a sus discípulos «en este mundo padeceréis tribulación», añade inmediatamente para disipar su miedo: «Pero tened confianza, pues yo he vencido al mundo» (Juan 16, 33). [...]

«En este mundo —dice el Señor— padeceréis tribulación», pero de manera que si la tribulación angustia, no oprime; si ataca, no vence. El mundo tiene una espada de doble filo contra los soldados de Cristo. [...] Los halaga para seducirlos y los aterroriza para quebrantar su resistencia. No nos dejemos llevar por el impulso de protegernos, no temamos la crueldad ajena y conquistaremos el mundo. En ambos casos, Cristo corta el paso, el cristiano no puede ser derrotado. [...]

Por eso dijo a los suyos en el Evangelio: «No os preocupéis de cómo debéis hablar o de qué habéis de decir, pues no sois vosotros los que habláis, sino el Espíritu de vuestro Padre el que habla en vosotros» (Mateo 10, 19-20).

19

La cruz, puerta de resurrección

Segundo domingo de Cuaresma
(Mateo 17, 1-9)

Seis días después, Jesús tomó consigo a Pedro, a Santiago y a su hermano Juan, y subió con ellos aparte a un monte alto. Se transfiguró delante de ellos, y su rostro resplandecía como el sol, y sus vestidos se volvieron blancos como la luz. [...] Todavía estaba hablando cuando una nube luminosa los cubrió con su sombra y una voz desde la nube decía: «Este es mi Hijo, el amado, en quien me complazco. Escuchadlo». Al oírlo, los discípulos cayeron de bruces, llenos de espanto. Jesús se acercó y, tocándolos, les dijo: «Levantaos, no temáis». Al alzar los ojos, no vieron a nadie más que a Jesús, solo. Cuando bajaban del monte, Jesús les mandó: «No contéis a nadie la visión hasta que el Hijo del hombre resucite de entre los muertos».

El Evangelio de este segundo domingo de Cuaresma nos presenta la narración de la transfiguración de Jesús. La *luminosidad* que caracteriza este evento extraordinario simboliza su objetivo: iluminar las mentes y los corazones de los discípulos para que puedan comprender claramente quién es su Maestro. Es un destello de luz que ilumina de repente el misterio de Jesús, su persona y su historia.

Ya en marcha hacia Jerusalén, Jesús quiere preparar a sus discípulos para el cáliz de la cruz —que pondrá a dura prueba su fe—, y al mismo tiempo preanunciar su resurrección, manifestándose como el Mesías, el Hijo de Dios. En efecto, Jesús estaba demostrando ser un Mesías distinto al esperado: no un rey poderoso y glorioso, sino un siervo humilde y desarmado; no un señor poseedor de grandes riquezas, señal de bendición, sino un hombre pobre que no tiene nada; no un patriarca con descendencia numerosa, sino un célibe sin hogar. Es una revelación de Dios completamente distinta, y la señal más desconcertante de este escandaloso giro inesperado es la cruz. Pero precisamente a través de la cruz, Jesús alcanzará la gloriosa resurrección, que será definitiva, no como la transfiguración que duró un momento, un instante.

Con la transfiguración en el monte Tabor, Jesús

quiso mostrar a sus discípulos su gloria, pero no para evitarles el cáliz de la cruz, sino para enseñarles adónde conduce. Quien muere con Cristo, con Cristo resurgirá. Y la cruz es la puerta de la resurrección. Quien lucha junto a Él, con Él triunfará. Este es el mensaje de esperanza que contiene la cruz de Jesús y que exhorta a la fortaleza en nuestra existencia. La cruz cristiana no es una decoración de la casa o un adorno para llevar puesto, la cruz cristiana es un llamamiento al amor por el que Jesús se sacrificó para salvar a la humanidad del mal y del pecado. En este tiempo de Cuaresma, contemplamos con devoción la imagen del crucifijo; Jesús crucificado es el símbolo de la fe cristiana, es el emblema de Jesús, muerto y resucitado por nosotros. La cruz debe marcar las etapas de nuestro itinerario cuaresmal para comprender mejor la gravedad del pecado y el valor del sacrificio mediante el cual el Redentor nos ha salvado a todos.

Durante la transfiguración también se oye la voz del Padre, que proclama a Jesús como su Hijo predilecto, diciendo: «Escuchadlo» (Mateo 17, 5). ¡Es una palabra importante! Nuestro Padre dice a los apóstoles: «Escuchad a Jesús porque es mi Hijo predilecto». Tengamos presente este mensaje en nuestra mente y en nuestro corazón durante esta Pascua: «¡Escuchad a Jesús!». No os lo dice el papa, ¡os lo dice Dios, nuestro Padre! Es como una ayuda para recorrer el camino de la Cuaresma. «¡Escuchad a Jesús!»

Este mensaje posee dos elementos significativos que puede resumirse en dos palabras: subida y bajada. Necesitamos apartarnos en silencio para encontrarnos a nosotros mismos y oír mejor la voz del Señor. Es lo que hacemos cuando rezamos. Pero ¡no podemos quedarnos ahí! El encuentro con Dios en la oración nos empuja a *bajar de la montaña* y volver abajo, donde encontramos a los hermanos afligidos por sus problemas, enfermedades, injusticias, prejuicios y pobreza material y espiritual. Estamos llamados a ofrecerles el fruto de la experiencia que hemos tenido con Dios y a compartir con ellos la gracia recibida. Es curioso. Cuando escuchamos la Palabra de Jesús y la guardamos en nuestro corazón, la Palabra crece. ¿Sabéis cómo? ¡Dándosela al prójimo! ¡La Palabra de Cristo que guardamos en nuestro corazón crece cuando la proclamamos, cuando la ofrecemos a los demás! Esta es la esencia de la vida cristiana. Es una misión para toda la Iglesia, para todos nosotros: escuchar a Jesús y ofrecérselo a los demás. No lo olvidemos: ¡escuchemos a Jesús esta semana!

La Virgen Santísima supo contemplar la gloria de Jesús oculta en su humanidad. Que Ella nos ayude a reunirnos con Él en la oración silenciosa, a dejarnos iluminar por su presencia para llevar en nuestro corazón, en las noches más oscuras, un reflejo de su gloria.

Lecturas de los padres de la Iglesia
San Justino, *El misterio de la cruz*[1]

Nos acusan de locura porque atribuimos el segundo lugar —inmediatamente después de Dios inmutable, eterno y creador de todas las cosas— a un hombre crucificado, pero ignoran el misterio que encierra y que nos empuja a exhortaros a reflexionar bajo nuestra guía. [...]

En ningún lugar, los que fueron considerados hijos de Zeus imitaron la muerte en la cruz; no lo concebían porque, como ya hemos demostrado, todo lo que fue dicho sobre este acontecimiento revistió un aspecto simbólico. Y este, como predijo el profeta, es el símbolo más grande de su fuerza y su poder, tal y como demuestran los hechos que se desarrollan ante nosotros. Pensad en todas las cosas que hay en el uni-

1. San Justino, 1 *Apología* 13, 4; 55, 1-5, en *Gli apologeti greci,* C. Burini (ed.), Città Nuova (Testi patristici, 59), Roma, 20022, pp. 98, 140-141.

verso, ¿podrían seguir existiendo sin esta forma [la cruz]? ¿Podrían mantenerse unidas?

El mar no se surca si este trofeo, que se llama vela, no está bien sujeto a la barca; sin él la tierra no se ara, los campesinos no podrían trabajarla; y los artesanos no podrían hacer nada sin utensilios con esta forma.

Lo único que distingue al hombre de las criaturas sin inteligencia es la posición erecta, las manos y la cara, cuya protuberancia bajo la frente, la nariz, sirve para respirar y traza la figura de la cruz.

Dijo el profeta: «El aliento de nuestras vidas es nuestro Señor Jesucristo» (*cfr.* Lamentaciones 4, 20).

20

El alma sedienta ante Jesús

Tercer domingo de Cuaresma
(Juan 4, 5-42)

Jesús, cansado del camino, estaba allí sentado junto al pozo. Era hacia el mediodía. Llega una mujer de Samaria a sacar agua, y Jesús le dice: «Dame de beber». Sus discípulos se habían ido al pueblo a comprar comida. La samaritana le dice: «¿Cómo tú, siendo judío, me pides de beber a mí, que soy samaritana?» [...] Jesús le contestó: «El que bebe de esta agua vuelve a tener sed, pero el que beba del agua que yo le daré nunca más tendrá sed: el agua que yo le daré se convertirá dentro de él en un surtidor de agua que mana hasta la vida eterna». La mujer le dice: «Señor, dame esa agua, así no tendré más sed, ni tendré que venir aquí a sacarla». [...] La mujer le dice: «Sé que va a venir el Mesías, el Cristo; cuando venga, él nos lo dirá todo». Jesús le dice: «Soy yo, el que habla contigo».

El Evangelio de este tercer domingo de Cuaresma nos presenta el diálogo de Jesús con la samaritana. Mientras los discípulos van al pueblo a buscar comida, Jesús se queda junto a un pozo y pide a una mujer que había ido a recoger agua que le dé de beber.

Más que ganas de beber, Jesús está deseoso de encontrar un alma endurecida. Necesita encontrar a la samaritana para abrirle el corazón: le pide de beber para poner en evidencia la sed que ella tenía. A la mujer le impresiona el encuentro con Jesús: le hace preguntas acerca de los interrogantes profundos que nos asaltan a todos, pero que a menudo acallamos. Nosotros también tenemos muchas preguntas que hacer, ¡pero no encontramos el valor de dirigírselas a Jesús! La Cuaresma es el momento oportuno para mirar dentro de nuestra alma, para escuchar nuestras necesidades espirituales más auténticas y pedir la ayuda del Señor en la oración. El ejemplo de la samaritana nos invita a expresarnos así: «Jesús, dame de esa agua que saciará mi sed eternamente».

De la pregunta de la samaritana nace un diálogo. «¿Cómo tú, siendo judío, me pides de beber a mí, que soy samaritana?». Jesús responde: si supieras quién soy, y el don que tengo para ti, me lo pedirías y te habría dado «agua viva», un agua que sacia cualquier sed y se convierte en manantial inagotable en el corazón de quien la bebe (*cfr.* Juan 4, 10-14).

Ir al pozo por agua es cansado y aburrido. ¡Qué bien estaría disponer de una fuente de la que mana agua sin cesar! Pero Jesús habla de un agua distinta. Cuando la mujer se da cuenta de que el hombre con el que está hablando es un profeta, le confiesa aspectos de su vida y le hace preguntas religiosas. Su sed de afecto y de vida plena no ha sido apagada por los cinco maridos que ha tenido; es más, su vida está sembrada de desengaños. A la mujer le impresiona el respeto que Jesús demuestra tenerle al hablarle incluso de la verdadera fe como relación con Dios Padre «en espíritu y verdad», e intuye que ese hombre podría ser el Mesías; Jesús —algo rarísimo— se lo confirma: «Soy yo, el que habla contigo» (v. 26). Él le dice a una mujer con una vida tan desordenada que es el Mesías.

Queridos hermanos, el agua que dona la vida eterna fue derramada en nuestros corazones el día de nuestro bautismo, cuando Dios nos transformó y nos llenó de su gracia. Pero quizá nos hayamos olvidado de este gran don o vayamos en busca de *pozos* de agua turbia, que no quita la sed. En ese caso, ¡este Evangelio es el adecuado! Jesús nos habla como a la samaritana, y aunque es cierto que nosotros ya lo conocemos, puede que todavía no hayamos hablado con Él personalmente o no lo hayamos reconocido como nuestro Salvador. Este tiempo de Cuaresma es una buena ocasión para acercarnos a Él, para encontrarnos personalmente con Él en la oración y dialogar con el corazón en la mano, para escucharle; es una buena ocasión para ver su rostro en el rostro de nuestros hermanos y hermanas que sufren. De esta manera, podemos renovar en nosotros la gracia del bautismo, saciar nuestra sed en la fuente de la Palabra de Dios y de su Espíritu Santo y descubrir la alegría de convertirse en artífices de reconciliación e instrumentos de paz en la vida cotidiana.

Que la Virgen María nos ayude a recurrir constantemente a la gracia, a esa agua que mana de la roca que es Cristo Salvador para que podamos profesar con convicción nuestra fe y anunciar con alegría las maravillas del amor de Dios misericordioso y fuente de todo bien.

Lecturas de los padres de la Iglesia

San Ambrosio de Milán, *Jesús está dispuesto a darte de beber*[1]

El Señor dice [a la samaritana]: «Si conocieras el don de Dios, y quién es el que te dice: "Dame de beber",

1. San Ambrosio de Milán, *Espíritu* 1, 165-166, en san Ambrosio, *Lo Spirito Santo,* C. Moreschini (ed.), Biblioteca

tú le habrías pedido a él, y él te habría dado agua viva» (Juan 4, 10). De esta agua «tuvo sed el alma» de David, la fuente de esta agua «anhela el ciervo» (*cfr.* Salmos 41, 2-3), que no tiene sed del veneno de las serpientes. El agua viva es la gracia espiritual porque purifica el interior de la mente, lava todo pecado del alma y limpia todo error de pensamientos ocultos.

Si buscas a Jesús, abandona «las cisternas rotas» (Jeremías 2, 13). Cristo no suele sentarse al lado de la cisterna, sino del pozo.

Fue allí donde lo encontró la samaritana que creyó, la que iba a buscar agua. Aunque deberías ir por la mañana, si vas más tarde, a la hora sexta, encontrarás a Jesús cansado del viaje (*cfr.* Juan 4, 6). Está cansado por ti, porque lleva mucho tiempo buscándote. Lo ha cansado tu incredulidad, que dura desde hace tiempo. Sin embargo, Él no se ofende, le basta con haberte encontrado. Te pide agua, pero está dispuesto a dártela. Y no bebe el agua que fluye en el arroyo, sino tu salvación. Bebe tu buen sentimiento, bebe el cáliz, es decir, la pasión redentora de tus pecados para que tú, saciado con su sangre sagrada, puedas saciar la sed del mundo.

Ambrosiana-Città Nuova (Sancti Ambrosii episcopi Mediolanensis opera, 16), Milán-Roma 1976, pp. 163-165.

21

El camino de la ceguera a la luz

Cuarto domingo de Cuaresma
(Juan 9, 1-41)

> Oyó Jesús que lo habían expulsado, lo encontró y le dijo: «¿Crees tú en el Hijo del hombre?». Él contestó: «¿Y quién es, Señor, para que crea en él?». Jesús le dijo: «Lo estás viendo: el que te está hablando, ese es». Él dijo: «Creo, Señor». Y se postró ante él. Dijo Jesús: «Para un juicio he venido yo a este mundo: para que los que no ven, vean, y los que ven, se queden ciegos». Los fariseos que estaban con él oyeron esto y le preguntaron: «¿También nosotros estamos ciegos?». Jesús les contestó: «Si estuvierais ciegos, no tendríais pecado; pero como decís "vemos", vuestro pecado permanece».

Los protagonistas del Evangelio de este cuarto domingo de Cuaresma son Jesús y un hombre ciego de nacimiento al que devuelve la vista. Este largo relato se inicia con un ciego que empieza a ver y concluye —¡qué curioso!— con personas que aparentemente ven, pero cuya alma está ciega. Juan narra el milagro en apenas dos versículos porque el evangelista quiere hacer hincapié en lo que pasa después, en la discusión que suscita. A veces, las buenas acciones dan pie a comentarios y discusiones porque hay gente que no quiere ver la verdad. En primer lugar, la muchedumbre asombrada —han visto el milagro y quieren saber—, que le hace preguntas al ciego que ahora ve; después, los doctores de la ley que le hacen preguntas a sus padres. Al final, el ciego curado se acerca a la fe, y esta es la gracia más grande que le otorga Jesús: no solo ver, sino conocerlo a Él, verlo a Él como «la luz del mundo» (Juan 9, 5).

Mientras que el ciego se acerca gradualmente a la luz, los doctores de la ley se hunden cada vez más en su ceguera interior. Enrocados en su presunción, creen poseer la luz y eso les impide abrirse a la verdad de Jesús. Hacen todo lo posible para negar la evidencia. Su negativa a ver la luz llega incluso a ser agresiva y acaba con la expulsión del templo del hombre curado.

El camino del ciego, en cambio, es un recorrido de varias etapas que empieza con el conocimiento del nombre de Jesús (v. 11). Tras las preguntas reiteradas de los doctores de la ley, en un primer momento lo considera un profeta (v. 17) y luego un hombre cercano a Dios (v. 31). Después de ser expulsado del templo, excluido de la sociedad, Jesús lo encuentra de nuevo y le «abre los ojos» por segunda vez, revelándole su identidad: «Yo soy el Mesías». Llegados a ese punto, el ciego que ahora ve exclama: «¡Creo, Señor!» (v. 38), y se postra ante Jesús.

A veces, nuestras vidas se parecen a la del ciego que se abrió a la luz, que se abrió a Dios y a su gracia. Otras, lamentablemente, se parecen a las de los doctores de la ley, pues juzgamos a los demás —¡incluso al Señor!— desde la altura de nuestro orgullo. Hoy estamos invitados a abrirnos a la luz de Cristo para que nuestra vida dé fruto, para erradicar de ella comportamientos poco cristianos. A pesar de serlo, a veces adoptamos comportamientos que no lo son, que son pecado. Debemos arrepentirnos, erradicarlos, para recorrer con decisión el camino de la santidad, que tiene su origen en el bautismo. En efecto, nosotros también hemos sido «iluminados» por Cristo en el bautismo para que, como nos recuerda san Pablo, podamos comportarnos como «hijos de la luz» (Efesios 5, 9). En el sacramento del bautismo, en efecto, elegimos vivir como hijos de la luz y caminar en la luz. Si ahora os preguntara: ¿creéis que Jesús es el

Hijo de Dios? ¿Que puede cambiar vuestro corazón? ¿Que puede hacer veros la realidad como Él la ve? ¿Que Él es la luz verdadera? ¿Qué responderíais?

Os sugiero que leáis con detenimiento el capítulo 9 de Juan. Os irá bien porque podréis observar el camino de la ceguera a la luz y el recorrido nefasto hacia la ceguera más profunda. Preguntémonos cómo es nuestro corazón. ¿Tengo un corazón abierto o un corazón cerrado? ¿Estoy abierto o cerrado a Dios? ¿Y al prójimo? Siempre albergamos alguna negación que nace del pecado, de las equivocaciones, de los errores. ¡No debemos tener miedo! Abrámonos a la luz del Señor, Él nos espera siempre para quitarnos la venda de los ojos, para darnos más luz, para perdonarnos. ¡No lo olvidemos!

Confiemos a la Virgen María el camino cuaresmal para que también nosotros, como el ciego curado, podamos «salir a la luz» con la gracia de Cristo, seguir el camino que ilumina y renacer a una nueva vida.

Lecturas de los padres de la Iglesia

San Agustín, *Basta con reconocer que estamos ciegos*[1]

Dijo Jesús: He aquí el día que separa la luz de las ti-

1. San Agustín, en *Evangelio según san Juan,* 44, 16-17, en

nieblas. Yo vine a este mundo para hacer un juicio, para «que vean quienes no ven y se vuelvan ciegos quienes ven» (Juan 9, 39). [...]

Has venido para que vean los que no ven y es justo, porque eres la luz, eres el día, nos libras de las tinieblas; toda alma lo acepta y lo entiende. Pero ¿qué significa «para que se vuelvan ciegos quienes ven? [...]

Jesús les dijo: «Si fuerais ciegos, no tendríais pecado». [...] Si os dierais cuenta de que os habéis quedado ciegos, si admitierais que lo sois, iríais en busca de un médico de inmediato; si fuerais ciegos en este sentido, no tendríais pecado, porque yo he venido a quitar el pecado. Pero desde el momento en que decís «vemos», vuestro pecado permanece (Juan 9, 40-41). ¿Por qué? Porque creyendo ver, no acudís al médico y vivís en la ceguera.

¿Qué significa «He venido al mundo para que vean los que no ven?». Significa que los que reconocen que son ciegos y acuden al médico verán. Y ¿qué significa que los que ven se vuelvan ciegos? Que los que pretenden ver y no acuden al médico permanecen en su ceguera.

---

san Agustín, *Commento al Vangelo di S. Giovanni,* E. Gandolfo y V. Tarulli (eds.), Città Nuova (Nuova Biblioteca Agostiniana, 24/1), Roma 19852, pp. 891-893.

22

Abandonemos la tumba de nuestros pecados

Quinto domingo de Cuaresma (Juan 11, 1-45)

Dijo Jesús: «¡Quitad la losa!». Marta, la hermana del muerto, le dijo: «Señor, ya huele mal porque lleva cuatro días». Jesús le replicó: «¿No te he dicho que si crees verás la gloria de Dios?». Entonces quitaron la losa. Jesús, levantando los ojos a lo alto, dijo: «Padre, te doy gracias porque me has escuchado; yo sé que tú me escuchas siempre, pero lo digo por la gente que me rodea, para que crean que tú me has enviado». Y dicho esto, gritó con voz potente: «Lázaro, sal afuera». El muerto salió, los pies y las manos atados con vendas, y la cara cubierta en un sudario. Jesús les dijo: «Desatadlo y dejadlo andar».

El Evangelio de este quinto domingo de Cuaresma nos narra la resurrección de Lázaro. Es la culminación de las «señales» prodigiosas realizadas por Jesús, un gesto demasiado grande y claramente divino para ser tolerado por los sumos sacerdotes, que al enterarse toman la decisión de matar a Jesús (*cfr.* Juan 11, 53).

Cuando Jesús llega, Lázaro ya llevaba días muerto. Y dirige a sus hermanas, Marta y María, unas palabras que han quedado grabadas para siempre en la memoria de la comunidad cristiana: «Yo soy la resurrección y la vida: el que cree en mí, aunque haya muerto, vivirá; y el que está vivo y cree en mí, no morirá para siempre» (Juan 11, 25-26). Basándonos en la Palabra del Señor, los cristianos creemos que la vida de quien cree en Jesús y sigue sus mandamientos se transformará en una vida nueva, plena e inmortal después de la muerte. Del mismo modo que Jesús resucitó con su propio cuerpo, pero no volvió a la vida terrenal, nosotros resucitaremos con nuestros cuerpos, que serán transfigurados en cuerpos gloriosos. Él nos espera junto al Padre, y la fuerza del Espíritu Santo, que lo resucitó, resucitará también a quien esté unido a Él.

Ante la tumba sellada de su amigo Lázaro, Jesús «gritó con voz potente: "Lázaro, sal afuera". El muerto salió, los pies y las manos atados con vendas, y la cara envuelta en un sudario» (vv. 43-44). Jesús dirige este grito perentorio a todos los hombres, porque todos estamos marcados por la muerte. Es la voz del dueño de la vida que quiere que todos «la tengan en abundancia» (Juan 10, 10).

Cristo no se resigna a los sepulcros que nos hemos construido eligiendo el mal y la muerte, los errores y los pecados. ¡No se resigna! Él nos invita, casi nos ordena, que salgamos de la tumba en la que nuestros pecados nos han sepultado. Nos llama insistentemente para que salgamos de la prisión oscura en la que nos encerramos cuando nos conformamos con una vida falsa, egoísta y mediocre.

«¡Sal fuera!», nos dice. Es una invitación a la libertad auténtica, a dejarnos sostener por las palabras que hoy Jesús dirige a cada uno de nosotros. Una invitación a quitarnos las «vendas» del orgullo. Porque el orgullo nos hace esclavos de nosotros mismos, de los ídolos, de las cosas materiales. Nuestra resurrección empieza cuando decidimos obedecer este mandamiento de Jesús saliendo a la luz, a la vida; cuando nos quitamos la máscara del rostro —el pecado suele ocultar nuestro rostro, ¡hay que quitarse la máscara!— y encontramos el valor de nuestro rostro original, creado a imagen y semejanza de Dios.

Resucitando a Lázaro, Jesús muestra hasta dónde puede llegar la fuerza de la gracia de Dios, hasta dónde puede llegar nuestra conversión, nuestro cambio.

¡No existe límite alguno para la misericordia divina que a todos se ofrece! No debemos olvidarlo. El Señor siempre está dispuesto a quitar la piedra de la tumba de nuestros pecados, la que nos separa de Él, de la luz de los vivos.

Lecturas de los padres de la Iglesia

San Ambrosio de Milán, *Jesús te limpia con sus lágrimas*[1]

Lo que hemos leído de Lázaro deben creerlo todos los pecadores arrepentidos cuyo hedor es paliado por el ungüento de la fe. La fe, en efecto, goza de tanto favor que donde el día anterior apestaba a cadáver hoy un olor agradable inunda la casa. [...]

«Era preciso celebrar un banquete y alegrarse, porque este hermano tuyo estaba muerto y ha revivido; estaba perdido y lo hemos encontrado» (Lucas 15, 32). Si algún infiel objeta: «¿Por qué come con los pecadores y los publicanos? (Marcos 2, 15-16), le

1. San Ambrosio de Milán, *Penitencia* 63, 65-8, 66, 71, en san Ambrosio, *Spiegazione del Credo. I sacramenti. I misteri. La penitenza,* G. Banterle (ed.), Biblioteca Ambrosiana-Città Nuova (Sancti Ambrosii episcopi Mediolanensis opera, 17), Milán-Roma, 1982, pp. 263-267.

responderán: «No necesitan médico los sanos, sino los enfermos» (Marcos 2, 17). Enseña, pues, al médico tus heridas para que pueda sanarlas. Pero aunque no se la muestres, él las conoce, solo espera que le hables. Borra tus cicatrices con las lágrimas. [...]

Dígnate, Señor Jesús, a venir a mi tumba y a redimirme con tus lágrimas, ¡pues mis ojos resecos no tienen suficientes para limpiar mis culpas! Si lloras por mí, estaré salvado. Si soy digno de tus lágrimas, desparecerá el hedor de mis pecados. Si soy digno de que llores por mí un instante, me llamarás para que salga de la tumba de este cuerpo y dirás: «Sal» para que mis pensamientos no se queden encerrados en el espacio angosto de este cuerpo y salgan a tu encuentro y vivan a la luz, alejados de las obras de las tinieblas.

23

¿Quién soy yo ante la cruz de Jesús?

Domingo de Ramos
(Mateo 26, 14-27, 66)

> El primer día de los Ácimos se acercaron los discípulos a Jesús y le preguntaron: «¿Dónde quieres que te preparemos la cena de Pascua?». Él contestó: «Id a la ciudad, a casa de quien vosotros sabéis, y decidle: "El maestro dice: mi hora está cerca; voy a celebrar la Pascua en tu casa con mis discípulos"». Los discípulos cumplieron las instrucciones de Jesús y prepararon la Pascua.

Empezamos la semana celebrando la procesión festiva con ramas de olivo en la que todo el pueblo acoge a Jesús. Esta celebración tiene un sabor dulce y amargo a la vez. Es alegre y dolorosa, porque en ella celebramos la entrada del Señor en Jerusalén, aclamado por sus discípulos como rey, y al mismo tiempo proclamamos el relato del Evangelio sobre su pasión. Nuestro corazón se encoge por el doloroso contraste y comparte, en lo que cabe, lo que debió sentir Jesús ese día, el día en que se regocijó con sus amigos y lloró por Jerusalén.

Durante los días siguientes, ahondaremos en el misterio de la muerte y resurrección de Jesús. Celebraremos con nuestro Rey sin poder dejar de pensar en el padecimiento que le espera durante la semana. Jesús dijo claramente a sus discípulos: «Si alguno quiere venir en pos de mí, que se niegue a sí mismo, tome su cruz y me siga» (Mateo 16, 24). Nunca prometió honores ni triunfos. Siempre advirtió a sus amigos de que ese era el camino, de que la victoria final pasaría a través de la pasión y de la cruz. Y lo mismo vale para nosotros. Pedimos la gracia de seguir fielmente a Jesús no de palabra, sino con hechos, y de llevar nuestra cruz con paciencia, de no rechazarla, de aceptarla cada día siguiendo su ejemplo. Así pues, sería conveniente que nos hiciéramos algunas preguntas: ¿quién soy yo? ¿Quién soy yo ante mi Señor? ¿Quién soy yo ante Jesús que entra triunfalmente en Jerusalén? ¿Soy capaz de expresar mi alegría, de alabarlo? ¿O guardo las distancias? ¿Quién soy yo ante Jesús que sufre?

Hemos oído muchos nombres. Un grupo de

sumos sacerdotes, sacerdotes, fariseos y maestros de la ley que habían decidido matarlo, que estaban esperando la oportunidad de apresarlo. ¿Soy como ellos?

También hemos oído otro nombre: Judas. Treinta monedas. ¿Acaso soy como Judas? También los nombres de los discípulos, que no entendían nada y se durmieron mientras el Señor sufría. ¿Mi vida está adormecida? ¿Soy como los discípulos, que no entendían lo que significaba traicionar a Jesús? ¿O me parezco al discípulo que quería resolverlo todo con la espada? ¿Soy como ellos? ¿Soy como Judas, que finge amar al Maestro y lo besa para traicionarlo y entregarlo? ¿Soy un traidor? ¿Soy como los sumos sacerdotes que constituyen un tribunal a toda prisa y buscan falsos testigos? ¿Soy como ellos? Si hago estas cosas, ¿es porque creo que de este modo salvo al pueblo?

¿Soy como Pilatos? Cuando veo que las cosas se tuercen, ¿me lavo las manos, no asumo responsabilidades y permito que condenen (o condeno yo mismo) a las personas?

¿Soy yo como la muchedumbre que no sabía si estaba en una reunión religiosa, en un juicio o en un circo y elige a Barrabás? Les daba igual: era más divertido humillar a Jesús.

¿Soy como los soldados que golpean al Señor, le escupen, lo insultan y se divierten humillándolo?

¿Soy como el Cireneo, que volvía cansado del trabajo, pero hizo la buena acción de ayudar al Señor a llevar la cruz?

¿Soy como los que pasaban ante la cruz y se burlaban de Jesús? «¡He aquí el valiente! ¡Que baje de la cruz y creeremos en Él!».

¿Soy yo como las mujeres valientes y como la Madre de Jesús, que sufrían en silencio?

¿Soy como José, el discípulo escondido, que recoge amorosamente el cuerpo de Jesús para darle sepultura?

¿Soy como las dos Marías, que permanecen ante el sepulcro llorando y rezando?

¿Soy como los jefes que al día siguiente se presentaron ante Pilatos para decirle: «Él había dicho que resucitaría. ¡Que no haya otro engaño!», y cierran el paso a la vida, al sepulcro, para defender la doctrina, para que la vida no pueda salir de él?

¿Dónde está mi corazón? ¿A cuál de estas personas me parezco? Que esta pregunta nos acompañe durante toda la semana.

Lecturas de los padres de la Iglesia

San Cesáreo de Arlés, *¡Que cada uno coja su cruz y lo siga!*[1]

Parece duro, queridos hermanos, y a primera vista parece arduo lo que el Señor ordena en el Evangelio, diciendo: «Si alguno quiere seguirme, que se niegue a sí mismo» (Mateo 16, 24). Pero no es tan duro como parece, porque quien lo ordena también proporciona el apoyo necesario para que pueda cumplirse su voluntad. [...].

Por eso nuestro Señor y Salvador no se contentó con decir «que se niegue a sí mismo», sino que añadió «que cargue con su cruz y me siga». ¿Qué significa «que cargue con su cruz»? «Que soporte lo que no le agrada, solo así me seguirá. Cuando empiece a imitar mi comportamiento y cumpla mis preceptos, muchos lo contradecirán, lo obstaculizarán; no solo se burlarán de él, sino que lo perseguirán». Y no me refiero solo a los paganos, que están fuera de la Iglesia, sino también a los que aparentemente pertenecen a ella, pero que están fuera a causa de sus malas

1. San Cesáreo de Arlés, *Sermón* 159, 1.5, en san Cesáreo de Arlés, *Sermones,* G. Morin (ed.), Brepols (Corpus Christianorum. Series Latina, 104), Turnhout, 1953, pp. 650-651, 653.

acciones. Son los que de cristiano solo tienen el nombre porque no dejan de perseguir a los buenos cristianos. Son, para la Iglesia, como los humores infectos para el cuerpo. Si quieres seguir a Cristo, no dudes en llevar su cruz: soporta a los malvados y no te dejes intimidar por ellos. [...]

Amemos el mundo, pero pongamos por encima el amor por quien lo creó. El mundo es hermoso, pero quien lo creó lo es más; el mundo es atractivo, pero quien lo creó es más fascinante.

24

Un amor sin límites

Jueves Santo
(Juan 15, 1-15)

> Como el Padre me ha amado, así os he amado yo; permaneced en mi amor. Si guardáis mis mandamientos, permaneceréis en mi amor; lo mismo que yo he guardado los mandamientos de mi Padre y permanezco en su amor. Os he hablado de esto para que mi alegría esté en vosotros, y vuestra alegría llegue a plenitud.

En el Evangelio del Jueves Santo, Jesús nos habla del Padre como de un labrador que cuida de la vid para que dé más fruto (Juan 15, 2). El secreto de sus cuidados es la unión profunda con Jesús: «Yo soy la vid; vosotros, los sarmientos. El que permanece en mí, y yo en él, da fruto abundante, porque sin mí no podéis hacer nada» (v. 5). Los frutos de esta unión profunda con Jesús son maravillosos. El Espíritu Santo transforma nuestra alma, inteligencia, voluntad, afectos, y también el cuerpo, porque somos unidad de espíritu y cuerpo. Recibimos un nuevo modo de ser, la vida de Cristo se convierte en la nuestra: podemos pensar como Él, actuar como Él, ver el mundo y las cosas con los ojos de Jesús. Como consecuencia, podemos amar a nuestros hermanos, empezando por los más pobres y desamparados, como hizo Él, y amarlos con su corazón para llenar el mundo de frutos de bondad, de caridad y de paz.

La invitación a esta unión tan profunda con Jesús nace de otra unión todavía más profunda entre Jesús y el Padre: «Como el Padre me ha amado, así os he amado yo; permaneced en mi amor» (v. 9). La palabra de Jesús es muy poderosa porque nos pide que permanezcamos en el amor que hay entre Él y el Padre. Lo hace porque en la vida puede haber otros amores. El mundo nos propone otros amores: el amor por el dinero, por ejemplo; el amor por la vanidad, por mostrarse; por el orgullo; por el poder, que pasa por cometer injusticias con tal de obtenerlo. Estos son otros amores que no pertenecen a Jesús ni al Padre. Él nos pide que permanezcamos en su amor, que es el amor del Padre. En efecto, el amor que Jesús nos tiene es el mismo que el Padre siente por Él. Nos ama con el mismo gran amor. ¡Es el gran don del amor!

Jesús nos advierte precisamente por eso: «Por favor, permaneced en mi amor porque es el amor del Padre». ¡El amor más grande!

Podría surgir una objeción: «Pero, Señor, ¿cómo podemos permanecer en tu amor?». Jesús nos ofrece una respuesta concreta: «Si guardáis mis mandamientos, permaneceréis en mi amor, así como yo he guardado los mandamientos de mi Padre y permanezco en su amor» (v. 10). Esta es la medida del amor que debemos tomar como referencia: si observamos los mandamientos que Jesús nos ha dado, permaneceremos en su amor, que es el amor del Padre, un amor sin límites, opuesto al amor tibio o interesado. Jesús nos enseña el camino del amor: el corazón abierto, amar sin condiciones, dando la espalda a otros amores y a otras maneras de amar a medias. Eso no es amor. Una cosa es sentir afecto y otra distinta amar. Amar es más que sentir afecto. La medida del amor es amar sin condiciones. La invitación que Jesús nos dirige hoy es la siguiente: «Obedece al amor del Padre, abandona los demás amores, obedece al don que te ofrece».

Pero ¿por qué nos dice estas cosas el Señor? Una vez más, la respuesta está en el Evangelio de hoy: «Para que mi alegría esté en vosotros, y vuestra alegría llegue a plenitud» (v. 11). Jesús nos invita a amar sin condiciones, a obedecer al amor del Padre porque sabe que es el único amor que puede darnos alegría, una alegría plena. La alegría es un don del Señor. Nos llena por dentro. Es como una unción del Espíritu. Preguntémonos: ¿qué me hace feliz? ¿Con qué cosas me hago la ilusión de ser feliz? ¿Cuándo soy capaz de amar sin condiciones? ¿Cuándo tengo miedo de amar así?

Lecturas de los padres de la Iglesia

San Ignacio de Antioquía, *Del amor entre Cristo y el Padre a nuestra caridad*[1]

No os daré órdenes como si fuera alguien. Aunque esté encadenado en su nombre, todavía no he alcanzado la perfección en Jesucristo. No he hecho más que comenzar a instruirme y os hablo como condiscípulos míos. Necesito que me unjáis con vuestra fe, exhortaciones, paciencia y magnanimidad. Pero ya que la caridad no me permite callar, quiero exhortaros a comunicar en armonía con el pensamiento de Dios. Y Jesucristo, nuestra vida inseparable, es el pensamiento del Padre,

1. San Ignacio de Antioquía, *Efesios* 2, 5, en *I Padri apostolici,* A. Quacquarelli (ed.), Città Nuova (Testi patristici, 5), Roma, 1991, pp. 100-101.

como también los obispos, establecidos hasta los confines de la tierra, están en el pensamiento de Jesucristo.

También conviene proceder de acuerdo con el pensamiento del obispo y que desde esa unidad y desde vuestro amor recíproco se cante a Jesucristo. Que todos juntos nos convirtamos en coro para que la armonía de la concordia tome unánimemente el tono de Dios y cantemos con una sola voz por Jesucristo al Padre para que os escuche y os reconozca por vuestras buenas obras como partes de Jesucristo. Es necesario que seáis una unidad inseparable para participar siempre de Dios.

Si en tan poco tiempo he adquirido familiaridad espiritual con vuestro obispo, cuánto más os considero bienaventurados por estar unidos a él como la Iglesia lo está con Jesucristo y Jesucristo con el Padre, a fin de que todas las cosas encuentren armonía en la unidad. Que nadie se engañe: quien no está junto al altar está privado del pan de Dios. Si la oración de uno o dos tiene tal fuerza, ¡qué tendrán la del obispo y toda la Iglesia! Quien no participa en la asamblea es un orgulloso y como tal será juzgado, pues está escrito: «Dios resiste a los orgullosos». Tengamos cuidado de no llevar la contraria al obispo para someternos a Dios.

25

No os dejo huérfanos, os doy una madre

Viernes Santo
(Juan 18, 1-19, 42)

> Junto a la cruz de Jesús estaban su madre, la hermana de su madre, María, la de Cleofás, y María, la Magdalena. Jesús, al ver a su madre y junto a ella al discípulo al que amaba, dijo a su madre: «Mujer, ahí tienes a tu hijo». Luego, dijo al discípulo: «Ahí tienes a tu madre». Y desde aquella hora, el discípulo la recibió como algo propio.

El Evangelio del Viernes Santo nos presenta la figura de María bajo la cruz. Es la segunda vez que Jesús la llama *mujer*. La primera fue en Caná, cuando le dijo: «No ha llegado mi hora» (Juan 2, 4). La segunda es esta, a los pies de la cruz, cuando le entrega un hijo.

En Caná, María toma las riendas de la situación cuando dice a los sirvientes: «Haced lo que Él os diga» (Juan 2, 5); esta vez, en cambio, Jesús domina la situación y proclama: «Mujer, ahí tienes a tu hijo». En ese momento, María se convierte de nuevo en madre. Su maternidad abarca a ese nuevo hijo, a toda la Iglesia y la humanidad. A tal punto que hoy no podemos pensar en María sin pensarla como madre.

En estos tiempos, cuando en el mundo hay una gran sensación de orfandad —¡es un mundo huérfano!—, esta palabra adquiere gran importancia. Jesús nos dice: «No os dejo huérfanos, os doy una madre». Y ese es nuestro orgullo: «Os doy una madre». Una madre que está con nosotros, nos protege, nos acompaña y nos ayuda cuando estamos en apuros.

La tradición de los antiguos monjes rusos nos recuerda que en los momentos de tribulación espiritual podemos refugiarnos bajo el manto de la Santa Madre de Dios. Un consejo que también hallamos en la primera antífona latina mariana: *Sub tuum praesidium confugimus* [«Bajo tu amparo nos acogemos»].[1] En esta oración encontramos a la Madre que nos ampara, nos protege y cuida de nosotros.

Pero esta maternidad de María va más allá, es contagiosa. En efecto, el abad Isaac de la Estrella dice en sus meditaciones que más allá de la maternidad de María hay una segunda maternidad, la de la Iglesia. La Iglesia

1. *N. del E.*

es madre. Nuestra *santa madre Iglesia*, que nos engendra con el bautismo, nos cría en su comunidad y posee características propias de la maternidad, como la benevolencia y la bondad. La madre María y la madre Iglesia saben acariciar a sus hijos y darles ternura. Sin la maternidad, la Iglesia es una asociación rígida, sin calor humano, huérfana. Sin maternidad no hay sonrisas, y una de las cosas más bonitas y humanas es ver sonreír a un niño y hacerlo sonreír. Donde hay maternidad, en cambio, hay vida, alegría y paz; se crece en paz.

Y eso no es todo. El abad Isaac añade otro detalle que incluso podría escandalizar: afirma que también nuestra alma es madre, que también en nosotros está presente una maternidad que se expresa a través de la humildad, el amparo, la comprensión, la bondad, el perdón y la ternura.

Y ¿qué nos enseña María de esta maternidad? Este fragmento del Evangelio sirve más para contemplar que para reflexionar. Nos enseña a contemplar a la madre de Jesús, y con ella a la señal contradictoria de la cruz. Porque Jesús es el vencedor, pero en la cruz. La madre de Dios es consciente de lo que está viviendo porque ha vivido toda la vida con el corazón partido, como dijo Simeón (*cfr.* Lucas 2, 35).

Podemos imaginar a María siguiendo a Jesús y escuchando lo que decía la gente: «¡Qué grande!»,

«¡Este no es Dios!», «¡Este no es un auténtico creyente!». María lo oía todo, todo lo que decían a favor y en contra de Jesús. Sin embargo, siempre siguió a su Hijo —de ahí que la llamemos *la primera discípula*—, siempre con la inquietud que nace de la señal contradictoria que es su Hijo. Ella está con Él hasta el final, de pie, mirándolo. Quizá oyó los comentarios: «Mira, esa es la madre de uno de los tres delincuentes». Pero permaneció en silencio. Es la madre y su maternidad reside en el hecho de que no renegó de su Hijo; es más, se mostró siempre a su lado.

Mis palabras deben ayudaros a contemplar este misterio en silencio. En aquel momento, María nos dio a luz a todos, dio a luz a la Iglesia. Permanezcamos junto a ella en silencio a los pies de la cruz, observando; y que el Espíritu Santo nos diga a cada uno lo que necesitamos.

Lecturas de los padres de la Iglesia

Isaac de la Estrella, *Las madres de Cristo: María, la Iglesia y el alma*[2]

Cristo es, en efecto, Uno, formando un todo la cabeza

2. Isaac de la Estrella, *Sermón* 51, 7-9, 24, en Isaac de la

y el cuerpo. El Uno nacido del único Dios en los cielos y de una única madre en la tierra es a la vez muchos hijos y un solo hijo. Como la cabeza y las extremidades son a la vez un hijo y muchos hijos, así María y la Iglesia son una madre y varias madres, una virgen y muchas vírgenes. Las dos son madres y vírgenes; las dos concibieron sin concupiscencia por obra del mismo Espíritu; las dos dieron a luz sin pecado la descendencia de Dios Padre. María, sin pecado alguno (*cfr.* Hebreos 4, 15), dio a luz la cabeza del cuerpo; la Iglesia, para el perdón de los pecados (*cfr.* Hechos 2, 38), dio un cuerpo a la cabeza. Las dos son madre de Cristo, pero ninguna de las dos lo dio a luz completo. Por eso en las Escrituras divinamente inspiradas, lo que se dice en términos universales de la virgen madre Iglesia se entiende como válido en particular para la virgen madre María, y viceversa. Cuando un texto habla de la una o la otra, lo que se afirma se aplica igualmente y sin distinción a las dos.

Del mismo modo, cada alma fiel puede ser entendida como esposa del Verbo de Dios, como madre, hija y hermana de Cristo (*cfr.* Mateo 12, 50) y a la vez como virgen fecunda. Lo que se dice en senti-

---

Estrella, *I sermoni. Mariale, Santorale, Tempo ordinario,* vol. II, D. Pezzini (ed.), Paoline, Milán, 2007, pp. 315-316, 322.

do universal de la Iglesia se dice, pues, en sentido especial para María y en sentido singular para el alma fiel, lo que se dice de misma sabiduría de Dios que es el Verbo del Padre [...].

Cristo habitó durante nueve meses en el vientre de María; en la fe de la Iglesia habitará «hasta el fin del mundo» (Mateo 28, 20); en la conciencia y en el amor del alma fiel habitará por los siglos de los siglos.

26

¡Detente, el Señor ha resucitado!

Pascua de Resurrección
(Juan 20, 1-9)

El primer día de la semana, María la Magdalena fue al sepulcro al amanecer, cuando aún estaba oscuro, y vio la losa quitada del sepulcro. Echó a correr y fue donde estaban Simón Pedro y el otro discípulo, a quien Jesús amaba, y les dijo: «Se han llevado del sepulcro al Señor y no sabemos dónde lo han puesto». Salieron Pedro y el otro discípulo camino del sepulcro. Los dos corrían juntos, pero el otro discípulo corría más que Pedro; se adelantó y llegó primero al sepulcro, e, inclinándose, vio los lienzos tendidos, pero no entró. Llegó también Simón Pedro detrás de él y entró en el sepulcro: vio los lienzos tendidos y el sudario con que le habían cubierto la cabeza, no con los lienzos, sino enrollado en un sitio aparte.

Hoy la Iglesia repite, canta y exclama: «¡Jesús ha resucitado!». Pero ¿cómo es posible?

Pedro, Juan y las mujeres fueron al sepulcro y estaba vacío, Él no estaba. Fueron con el corazón partido por la tristeza de una derrota: el Maestro, su Maestro, al que tanto amaban, había sido ajusticiado, había muerto. Y de la muerte no se regresa. Esta es la derrota, este es el camino de la derrota, el camino hacia el sepulcro.

Pero el ángel les dice: «No está aquí, ha resucitado». Es el primer anuncio: «Ha resucitado». Y después la confusión, el corazón en vilo, las apariciones. Pero los discípulos permanecen encerrados todo el día en el cenáculo por miedo a que les ocurra lo mismo que a Jesús. Y la Iglesia no cesa de decir a nuestras derrotas, a nuestros corazones cerrados y en vilo: «Deteneos, ¡el Señor ha resucitado!».

Pero si el Señor ha resucitado, ¿por qué ocurren desgracias? ¿Por qué existen la enfermedad, la trata de personas, la guerra, la destrucción, la mutilación, la venganza y el odio? ¿Dónde está el Señor cuando eso ocurre? Ayer llamé a un chico que padece una enfermedad grave; es un chico culto, un ingeniero, y mientras hablábamos le dije para darle una señal de fe: «No hay explicaciones para lo que te pasa. Mira a Jesús en la cruz, Dios hizo eso con su Hijo, no hay otra explicación». Y él me respondió: «Sí, pero Él le preguntó a su Hijo si estaba dispuesto a sufrir y Él dijo que sí. A mí nadie me ha preguntado». Me conmovió, a ninguno de nosotros se nos pregunta: «¿Estás contento con lo que sucede en el mundo? ¿Estás dispuesto a cargar con esta cruz?». Y la gente sigue cargando con su cruz, pero la fe en Jesús decae. Hoy la Iglesia sigue diciendo: «Detente, ¡Jesús ha resucitado».

No es una fantasía, la resurrección de Cristo no es una fiesta llena de flores. Eso es bonito, pero hay más. La resurrección de Cristo es el misterio de la losa abierta que acaba siendo el fundamento de nuestra existencia (*cfr.* Hechos 4, 11). ¡Significa que Cristo ha resucitado! En esta cultura del desecho donde impera el usar y tirar, donde lo que no sirve se tira, también se tira esa piedra —Jesús—, que es fuente de vida.

Y nosotros, guijarros del suelo, también tenemos un sentido en este valle de lágrimas, de tragedias y calamidades, gracias a la fe en Cristo resucitado. El sentido de mirar más allá, el sentido de decir: «Mira, no hay una pared, hay un horizonte, hay vida, alegría, la cruz con esta ambivalencia. Mira adelante, no te cierres. Tu existencia, guijarro, tiene sentido porque estás cerca de esa piedra que la maldad del pecado ha descartado».

¿Qué nos dice la Iglesia de todas estas tragedias? Esto, sencillamente. La piedra descartada no ha sido realmente descartada. Los guijarros que creen y se pegan a esa piedra no son descartados, tienen un sentido y con este sentimiento la Iglesia repite desde lo profundo del corazón: «¡Cristo ha resucitado!».

Pensad en los problemas cotidianos, en las enfermedades que hemos padecido o a las que se enfrentan nuestros familiares; en las guerras, en las tragedias humanas y, simplemente, con voz humilde, sin flores, solos ante Dios, digamos: «No sé cómo acabará esto, pero estoy seguro de que Cristo ha resucitado y eso es lo único que cuenta».

Hermanos y hermanas, este es mi mensaje de hoy. Volved a casa, repitiendo en vuestro corazón: «¡Cristo ha resucitado!».

Lecturas de los padres de la Iglesia

San Agustín, *La promesa de la vida eterna*[1]

Si vivimos, si creemos en el que ha resucitado, Él nos

1. San Agustín, en *Evangelio según san Juan* 32, 9, en san Agustín, *Commento al Vangelo di S. Giovanni*, E. Gandolfo y V. Tarulli (eds.), Città Nuova (Nuova Biblioteca Agostiniana, 24/1), Roma, 19852, pp. 699-701.

dará cosas muy diferentes de las que desean quienes no aman a Dios que, cuanto más desean las cosas terrenales, menos aman a Dios y su Hijo.

Pero veamos qué nos prometió. No mencionó riquezas terrenales y temporales, honores o poder en este mundo; como podéis comprobar, estas cosas se les conceden también a los malvados para que los buenos no las tengan demasiado en cuenta.

Tampoco prometió salud, y no porque no pudiera concederla, sino porque, como podéis comprobar, también se la concede a los animales.

Ni siquiera una larga vida, en la medida en que se puede definir *largo* como algo que acabará. No nos prometió la longevidad a los creyentes, la vejez, que todos deseamos antes de que llegue y de la que todos se quejan cuando llega.

No nos prometió la belleza, que las enfermedades y la vejez destruyen. [...]

No prometió nada de eso el que dijo: «El que cree en mí que venga y beba; de sus entrañas manarán ríos de agua viva» (Juan 7, 38). Nos prometió la vida eterna, donde no le temeremos a nada, donde estaremos libres de todo mal, donde no sufriremos ni moriremos, donde no se sufre por las despedidas ni se esperan llegadas.

27

¡El sepulcro no tiene la última palabra!

Lunes del Ángel
(Mateo 28, 8-15)

> Ellas se marcharon a toda prisa del sepulcro; llenas de miedo y de alegría corrieron a anunciarlo a los discípulos. De pronto, Jesús les salió al encuentro y les dijo: «¡Salve!». Ellas se acercaron, le abrazaron los pies y se postraron ante él. Jesús les dijo: «No temáis: id a comunicar a mis hermanos que vayan a Galilea; allí me verán».

En este lunes de fiesta, llamado *Lunes del Ángel*, la liturgia se centra en el anuncio de la resurrección proclamado ayer: «Cristo ha resucitado, ¡aleluya!». En el pasaje evangélico de hoy podemos percibir el eco de las palabras que el ángel dirigió a las mujeres que acudieron al sepulcro: «Y ahora id enseguida a decir a sus discípulos: "Ha resucitado de entre los muertos"»

(Mateo 28, 7). La invitación a darse prisa por anunciar a los hombres y a las mujeres de nuestro tiempo este mensaje de alegría y de esperanza también está dirigida a nosotros. Es un mensaje de esperanza porque desde que Jesús crucificado resucita al amanecer del tercer día, no es la muerte, sino la vida la que tiene la última palabra. Y esa es nuestra certeza. La última palabra no es el sepulcro, no es la muerte, ¡es la vida! Por eso repetimos: «Cristo ha resucitado». Porque ha vencido al sepulcro, ha nacido la vida.

En virtud de este evento, que constituye la auténtica novedad de la historia y del cosmos, estamos llamados a ser hombres y mujeres nuevos según el Espíritu y a afirmar el valor de la vida. ¡Hay vida! ¡Y eso es ya empezar a resurgir! Seremos hombres y mujeres de resurrección, de vida, si, en medio de los acontecimientos que afligen al mundo —que son tantos en la actualidad—, en medio de la mundanidad que nos aleja de Dios, somos capaces de tener gestos solidarios, gestos de acogida, de alimentar el deseo universal de paz y la aspiración a un ambiente libre de degradación Son gestos comunes y humanos que, sostenidos y animados por la fe en el Señor resucitado, adquieren una eficacia muy superior a la de nuestras capacidades. Y esto es así porque Cristo está vivo y obra en la historia por medio de su Santo Espíritu; redime nuestras miserias, alcanza los corazones humanos y da esperanza a los oprimidos y a los que sufren.

Que la Virgen María, testigo silencioso de la muerte y resurrección de su Hijo Jesús, nos ayude a testimoniar ante el mundo que Cristo ha resucitado para que los que sufren no sean víctimas del pesimismo, la derrota y la resignación, sino que encuentren en nosotros a sus hermanos y hermanas que les ofrecen su apoyo y consuelo.

Que nuestra Madre nos ayude a tener fe en la resurrección de Jesús: Jesús ha resucitado, está vivo, está aquí, entre nosotros, y este es un admirable misterio de salvación que tiene capacidad de transformar los corazones y la vida. Y que interceda de manera especial por las comunidades cristianas perseguidas y oprimidas que hay en muchos lugares del mundo y que están llamadas a dar un testimonio valiente y difícil.

Lecturas de los padres de la Iglesia

Melitón de Sardes, *Él es nuestra resurrección*[1]

Ahora yaces muerto. Él, en cambio, ha resucitado de

1. Melitón de Sardes, pasajes 99-101, 103, 105, en *I più*

entre los muertos y ha subido al cielo. El Señor, vestido de hombre, habiendo sufrido por el que sufría, atado por el preso y juzgado por el culpable, sepultado por el que yacía en la tumba, resucitó de entre los muertos y clamó en voz alta:

¿Quién se levantará en juicio contra mí? ¡Que venga a enfrentarse conmigo!» (Isaías 50, 8).

Yo he liberado al condenado, he dado la vida al que estaba muerto, he resucitado al que estaba sepultado.

¿Quién puede contradecirme?

Yo, dice, Cristo, he destruido a la muerte.

Yo, dice Él, Cristo.

Venid, pues, estirpes humanas manchadas por el pecado. Porque yo soy vuestro perdón, vuestra Pascua de la salvación, el cordero degollado por vosotros (Juan 1, 29), vuestra redención (Mateo 20, 28; Marcos 10, 45), vuestra vida (Juan 11, 25), vuestra luz (Juan 8, 12), vuestra salvación (Hechos 4, 12), vuestra resurrección (Juan 11, 25), vuestro Rey (Juan 18, 37; 19, 14; Mateo 27, 11). [...]

Él es el Alfa y la Omega (Apocalipsis 1, 8; 21,

---

antichi testi pasquali della Chiesa. Le omelie di Melitone di Sardi e dell'Anonimo Quartodecimano e altri testi del II secolo, R. Cantalamessa (ed.), Edizioni Liturgiche (Bibliotheca Ephemerides liturgicae, 33), Roma, 1972, pp. 49-51.

6). Él es el comienzo y el fin (Apocalipsis 21, 6), el comienzo inenarrable y fin incomprensible. Él es Cristo.

Él es el Rey. Él es Jesús, el estratega, el Señor, el que resucitó de entre los muertos, el que está sentado a la diestra del Padre.

Él lleva al Padre, y es llevado por el Padre (Juan 10, 30, 38): a Él el poder y la gloria por los siglos. Amén.

28

La misericordia es una forma de conocimiento

Segundo domingo de Pascua
(Juan 20, 19-31)

> Al anochecer de aquel día, el primero de la semana, estaban los discípulos en una casa, con las puertas cerradas por miedo a los judíos. Y en esto entró Jesús, se puso en medio y les dijo: «Paz a vosotros». Y, diciendo esto, les enseñó las manos y el costado. Y los discípulos se llenaron de alegría al ver al Señor. Jesús repitió: «Paz a vosotros. Como el Padre me ha enviado, así también os envío yo». Y, dicho esto, sopló sobre ellos y les dijo: «Recibid el Espíritu Santo; a quienes les perdonéis los pecados, les quedan perdonados; a quienes se los retengáis, les quedan retenidos».

Todos los domingos recordamos la resurrección del Señor Jesús, pero en el período que sigue a la Pascua, adquieren un significado aún más esclarecedor.

En la tradición de la Iglesia, el segundo domingo después de Pascua se denomina *in albis*. La expresión hace referencia al rito que seguían los que habían recibido el bautismo en la vigilia de Pascua, a quienes se les entregaba una túnica blanca llamada *alba* [del latín *albus,* 'blanco'],[1] para indicar su nueva dignidad de hijos de Dios. Actualmente se sigue ofreciendo a los recién nacidos que van a ser bautizados una pequeña túnica simbólica, mientras que los adultos suelen ponerse una auténtica. En el pasado, la túnica blanca seguía llevándose durante una semana, hasta el segundo domingo; de ahí deriva el nombre *in albis deponendis,* en memoria del domingo en que se quitaban la túnica. A partir de ese día, los neófitos [los recién bautizados][2] comenzaban su nueva vida en Cristo y en la Iglesia.

Además, en el Jubileo del año 2000, san Juan Pablo II estableció que este domingo estaría dedicado a la Divina Misericordia. Fue un buen acierto, sin duda inspirado por el Espíritu Santo. Así pues, este domingo también nos invita a retomar con fuerza la gracia que viene de la misericordia de Dios.

El Evangelio de hoy relata la aparición de Cristo

1. *N. del E.*
2. *N. del E.*

resucitado a los discípulos reunidos en el cenáculo. Escribe san Juan que Jesús, después de haberles saludado, les dijo: «Como el Padre me ha enviado, así también os envío yo». Dicho esto, sopló sobre ellos y añadió: «Recibid el Espíritu Santo. A quienes perdonéis los pecados, les quedarán perdonados» (vv. 21-23). He aquí el sentido de la misericordia que se presenta justo en el día de la resurrección de Jesús como perdón de los pecados. La primera misión que Jesús resucitado transmite a su Iglesia es su propia misión, es decir, anunciar a todos el perdón. Esta es su primera tarea. Este signo visible de su misericordia lleva consigo la paz del corazón y la alegría del encuentro renovado con el Señor.

A la luz de la Pascua, la misericordia se percibe como una verdadera forma de conocimiento. Y esto es importante: la misericordia es una forma real de conocimiento. Se puede conocer a través de muchas formas: los sentidos, la intuición, la razón, etc. Pues bien, también se puede conocer a través de la experiencia de la misericordia, porque la misericordia abre la puerta de la mente para comprender mejor el misterio de Dios y de nuestra existencia personal. La misericordia nos hace comprender que la violencia, el rencor y la venganza no tienen ningún sentido y que su primera víctima es el que los siente, pues lo privan de su propia dignidad. La misericordia también abre la puerta del corazón y permite expresar la cercanía, sobre todo a los que están solos y marginados, porque hace que se sientan hermanos e hijos de un solo Padre. Y ayuda a reconocer a quienes necesitan consuelo y a encontrar las palabras adecuadas para dárselo.

Hermanos y hermanas, la misericordia reconforta el corazón y lo hace más sensible a las necesidades de los hermanos gracias a la participación. Gracias a la misericordia, en resumidas cuentas, nos comprometemos a ser instrumentos de justicia, de reconciliación y de paz. No olvidemos nunca que la misericordia es la clave de la vida de la fe y el instrumento concreto con que damos visibilidad a la resurrección de Jesús.

Que María, Madre de misericordia, nos ayude a creer y a vivir con gozo todo esto.

Lecturas de los padres de la Iglesia

San Ambrosio de Milán, *El esplendor de la misericordia*[3]

Has recibido la túnica blanca que simboliza que te has

3. San Ambrosio de Milán, *Misterio* 7, 34-35, 37, 42, en san Ambrosio, *Spiegazione del Credo. I sacramenti. I misteri. La penitenza,* G. Banterle (ed.), Biblioteca Ambrosiana-Città

desprendido del pecado y te has vestido con las castas ropas de la inocencia de las que dice el Profeta: «Rocíame con el hisopo y quedaré limpio; lávame y quedaré más blanco que la nieve» (Salmos 50, 9). El bautizado, en efecto, queda purificado. [...]

El Evangelio dice que mientras Cristo mostraba la gloria de su resurrección, su túnica era blanca como la nieve. Aquel al que se le perdonan los pecados se vuelve «más blanco que la nieve». Dice el Señor por medio de Isaías: «Si vuestros pecados fueren como la grana, como la nieve serán emblanquecidos» (Isaías 1, 18).

La Iglesia, que se ha puesto la túnica «por medio del lavamiento de la regeneración y la renovación» (Tito 3, 5), dice con palabras del Cantar de los Cantares: «Soy morena, pero hermosa, oh, hijas de Jerusalén» (*cfr.* Cantares 1, 5). Morena para expresar la fragilidad de la condición humana, hermosa por la gracia. Morena porque engendrada por pecadores, hermosa por el sacramento de la fe. Al ver estas ropas, las hijas de Jerusalén exclamarán asombradas: «¿Quién es esa vestida de blanco? Antes era morena, ¿cómo es posible que de repente se haya vuelto blanca?».

Nuova (Sancti Ambrosii episcopi Mediolanensis opera, 17), Milán-Roma, 1982, pp. 153-159.

Cristo, viendo a su Iglesia vestida con la túnica cándida [...], es decir, viendo el alma limpia y regenerada, dice: «¡Qué hermosa eres, amiga mía, qué hermosa! Tus ojos son como palomas» (Cantares 4, 1).

29

Palabra de Dios y eucaristía nos llenan de gozo

Tercer domingo de Pascua
(Lucas 24, 13-35)

> Sentado a la mesa con ellos, tomó el pan, pronunció la bendición, lo partió y se lo iba dando. A ellos se les abrieron los ojos y lo reconocieron. Pero él desapareció de su vista. Y se dijeron el uno al otro: «¿No ardía nuestro corazón mientras nos hablaba por el camino y nos explicaba las Escrituras?».

El Evangelio de este tercer domingo de Pascua es el de los discípulos de Emaús.

Eran dos discípulos de Jesús que tras su muerte, y pasado el sábado, dejan Jerusalén y regresan, tristes y abatidos, a su aldea, llamada precisamente Emaús. Mientras recorren el camino, Jesús resucitado se les acerca, pero ellos no lo reconocen. Viéndolos tan tristes, para volver a encender un fuego de esperanza en sus corazones, trata de explicarles que la pasión y muerte del Mesías eran el designio de Dios y estaban profetizadas en las Sagradas Escrituras.

Llegados a ese punto, los discípulos sienten una atracción extraordinaria hacia ese hombre misterioso y lo invitan a quedarse con ellos esa tarde. Jesús acepta y entra con ellos en su casa. Cuando, estando en la mesa, bendice el pan y lo parte, lo reconocen, pero entonces desaparece de su vista, dejándolos pasmados.

Después de haber sido iluminados por la Palabra, los discípulos reconocen a Jesús resucitado cuando parte el pan, nuevo símbolo de su presencia. Inmediatamente después, sienten la necesidad de regresar a Jerusalén para contar a los discípulos que han encontrado a Jesús y que lo han reconocido por el gesto de partir el pan.

El camino de Emaús se convierte así en el símbolo de nuestro camino de fe: las Escrituras y la eucaristía son los elementos indispensables para el encuentro con el Señor. A menudo participamos en la misa del domingo con nuestras preocupaciones, nuestros problemas y decepciones. Cuando la vida nos hiere, volvemos tristes a nuestra Emaús y damos la espalda al plan de Dios, alejándonos de Él. Pero la liturgia de la Palabra nos sostiene: Jesús nos explica las Escrituras y vuelve a encender en nuestros corazones el calor de la fe y de la esperanza, y nos da fuerza mediante la comunión. Palabra de Dios y eucaristía.

Lee cada día un pasaje del Evangelio. No te olvides: lee cada día un pasaje del Evangelio y recibe la comunión los domingos, porque es como recibir a Jesús. Eso les sucedió a los discípulos de Emaús: acogieron la Palabra y compartieron el pan, y de tristes y derrotados como se sentían pasaron a estar alegres.

La Palabra de Dios y la eucaristía, queridos hermanos y hermanas, siempre nos llenan de alegría. ¡No lo olvidéis! Cuando estéis tristes, escuchad la Palabra de Dios. Cuando estéis decaídos, escuchad la Palabra de Dios y acudid a misa el domingo a recibir la comunión, a participar en el misterio de Jesús. Palabra de Dios y eucaristía nos llenan de gozo.

Oremos para que María Santísima interceda por todos los cristianos para que, reviviendo la experiencia de los discípulos de Emaús, especialmente en la misa dominical, vuelvan a descubrir la gracia del encuentro transformador con el Señor, con el Señor resucitado, que siempre está con nosotros.

Siempre hay una Palabra de Dios que nos orienta cuando perdemos el rumbo, siempre hay un pan que nos ayuda a seguir adelante.

Lecturas de los padres de la Iglesia

San Justino, *La misa de los primeros cristianos*[1]

A este alimento lo llamamos *eucaristía* y nadie puede participar en ella si no cree que nuestras enseñanzas son verdaderas, ha sido lavado en el baño para el perdón de los pecados y para la regeneración y vive conforme a lo que Cristo nos enseñó. [...]

En efecto, los apóstoles nos transmitieron en sus memorias, que se llaman *Evangelios*, que así se lo ordenó Jesús cuando tomó el pan y dando gracias dijo: «Haced esto en conmemoración mía, este es mi cuerpo»; y de la misma manera, tomando el cáliz y dando gracias, dijo: «Esta es mi sangre (*cfr*. Mateo 26, 6 y ss.). Y solo a ellos les dejó participar. [...]

El día que se llama *del Sol,* nos reunimos todos en un lugar de la ciudad o del campo, formamos una asamblea y leemos las memorias de los apóstoles y las escrituras de los profetas según lo permita el tiempo; después, cuando el lector termina, el que preside nos exhorta y nos invita a imitar su buen ejemplo. Nos levantamos todos a la vez y rezamos. Luego traen pan y vino con agua y el que preside, imitando el

1. San Justino, *1 Apología* 66, 1-67, 5, en *Gli apologeti greci,* C. Burini (ed.), Città Nuova (Testi patristici, 59), Roma, 20002, pp. 151-153.

comportamiento original en la medida de lo posible, reza y da las gracias, y el pueblo aclama y pronuncia amén. Entonces se parten y distribuyen los alimentos consagrados por la acción de gracias, que los diáconos se encargan de llevar a los ausentes.

30

El pastor da su vida

Cuarto domingo de Pascua
(Juan 10, 1-10)

> Yo he venido para que tengan vida y la tengan abundante. Yo soy el Buen Pastor. El buen pastor da su vida por las ovejas.

El evangelista Juan nos presenta a Jesús Buen Pastor en este cuarto domingo de Pascua. La lectura de esta página del Evangelio nos permite comprender la clase de relación que Jesús tenía con sus discípulos: una relación basada en la ternura, en el amor, en el conocimiento recíproco y en la promesa de un don inconmensurable: «Yo he venido —dice Jesús— para que tengan vida y la tengan abundante» (Juan 10, 10). Esta relación es el modelo de las relaciones entre los cristianos y de las relaciones humanas.

Hoy en día, como en tiempos de Jesús, más de uno se propone como *pastor* de nuestras existencias, pero solo el Resucitado es el verdadero Pastor que nos da vida en abundancia. Os invito a confiar en el Señor que nos guía. Pero no solo nos guía: Él nos acompaña, camina con nosotros. Escuchemos su palabra con la mente y el corazón abiertos para alimentar nuestra fe, iluminar nuestra conciencia y seguir las enseñanzas del Evangelio.

Recemos este domingo por los pastores de la Iglesia, por los obispos, incluido el obispo de Roma, y por todos los sacerdotes, ¡por todos! Que el Señor nos ayude a permanecer fieles al Maestro y a ser guías sabios e iluminados del pueblo de Dios que nos ha sido confiado. A vosotros también os pido que nos ayudéis a ser buenos pastores. Una vez leí algo muy hermoso que hablaba sobre cómo el pueblo de Dios ayuda a los obispos y a los sacerdotes a ser buenos pastores. Es un texto de san Cesáreo de Arlés, uno de los padres de la Iglesia. Decía que el pueblo de Dios debe ayudar a su pastor y ponía este ejemplo: cuando un ternero tiene hambre, busca a su madre para alimentarse con su leche. Pero la vaca no se la da enseguida, como si no tuviera intención de hacerlo. ¿Qué hace entonces el ternero? Empuja la ubre de la vaca con el hocico para que salga leche. ¡Qué hermosa imagen! «Vosotros —dice este santo— debéis comportaros igual con los pastores: debéis llamar a su puerta, a su corazón, para que os alimenten con la doctrina y la gracia, y os muestren el camino». Yo os pido por favor que importunéis a los pastores, que los molestéis, que nos molestéis a todos para que os alimentemos con la gracia y la doctrina y os mostremos el camino. ¡Importunadnos! Pensad en esa hermosa imagen del ternero que importuna a su madre para que le dé de comer.

A imitación de Jesús, los pastores «algunas veces irán delante para indicar el camino y sostener la esperanza del pueblo» —el pastor, a veces, debe ir delante—, «otras estarán entre todos, con su cercanía sencilla y misericordiosa, y, en ocasiones, deberán caminar detrás del pueblo para ayudar a los rezagados» [Exhortación Apostólica *Evangelii gaudium*, 31].[1] ¡Ojalá todos los pastores fueran así! Y vosotros, no os olvidéis de importunar a los pastores para que os muestren el camino mediante la doctrina y la gracia.

Este domingo se celebra la jornada mundial de oración por las vocaciones. La llamada a seguir a Jesús es a la vez dura y apasionante. Y para que llegue es necesario entablar una profunda amistad con el Señor para poder vivir de Él y para Él.

1. *N. del E.*

Oremos para que muchos jóvenes oigan la llamada del Señor, cuya voz a menudo está cubierta por otras voces. Oremos por los jóvenes; quizá entre nosotros haya alguno que escuche la voz del Señor llamándolo al sacerdocio; oremos por él y por todos los jóvenes que escuchan su llamada.

Lecturas de los padres de la Iglesia

San Cesáreo de Arlés, *Que los hijos importunen a los sacerdotes*[2]

Podemos comparar a los sacerdotes de la Iglesia con las vacas, mientras que el símbolo del pueblo cristiano son los terneros. En efecto, como las vacas pastan en campos y prados y merodean por viñedos y olivares comiendo hierba y hojas para producir la leche con la que alimentar a los terneros, así los sacerdotes leen la Palabra de Dios en las Sagradas Escrituras para ofrecer el alimento espiritual a sus hijos, según lo dictado por el apóstol Pablo, que dijo: «Os di a beber leche, no alimento sólido» (1 Corintios 3, 2). [...]

Pero observad, hermanos, que no solo las vacas

2. San Cesáreo de Arlés, *Sermón* 4, 4, en san Cesáreo de Arlés, *Sermons au peuple,* vol. I, M.-J. Delage (ed.), Éditions du Cerf (Sources chrétiennes, 175), París, 1971, pp. 298-300.

corren al encuentro de los terneros, sino que los terneros también corren al encuentro de las vacas y empujan con el hocico las ubres de sus madres con tal vehemencia que, si son lo suficientemente grandes, a veces parece que las levanten del suelo. Las vacas aceptan con gusto esta molestia, pues desean verlos crecer.

Los buenos sacerdotes también deben desear que sus hijos los importunen con asiduidad para salvar sus almas. Así, mientras a los hijos que llaman a la puerta se les otorga la gracia divina, a los sacerdotes que hacen accesibles los misterios de las Sagradas Escrituras se les otorga la vida eterna.

31

El camino de la esperanza

Quinto domingo de Pascua
(Juan 14, 1-12)

«En la casa de mi Padre hay muchas moradas; si no, os habría dicho: "Voy a prepararos un sitio". Cuando vaya y os prepare un lugar, volveré y os llevaré conmigo, para que donde estoy yo estéis también vosotros. Y adonde yo voy, ya sabéis el camino». Tomás le dice: «Señor, no sabemos adónde vas, ¿cómo podemos saber el camino?». Jesús le responde: «Yo soy el camino y la verdad y la vida. Nadie va al Padre sino por mí».

El pasaje evangélico de este domingo forma parte del largo discurso que hizo Jesús después del lavatorio de los pies (*cfr.* Juan 13, 31-17, 26). Se despide de los apóstoles antes de ir a la pasión y les dice: «No os dejaré huérfanos» (*cfr.* Juan 14, 18), no os dejaré solos, voy a prepararos un lugar junto a mí» (Juan 14,

2). Y añade: «Cuando vaya y os prepare un lugar, volveré y os llevaré conmigo, para que donde estoy yo estéis también vosotros» (v. 3).

Jesús dice: «Volveré». Esta es la esperanza del cristiano. Los cristianos son hombres y mujeres de esperanza, abrigan la esperanza del regreso del Señor. Pero no es una esperanza personal que se vive en soledad, sino que es compartida por toda la Iglesia. Jesús volverá. Deberíamos, pues, preguntarnos: ¿cómo es mi esperanza? ¿Creo sinceramente en el regreso del Señor? ¿Soy un hombre o una mujer de esperanza?

Jesús continúa: «Y adonde yo voy, ya sabéis el camino» (Juan 14, 4). Pero Tomás objeta: «Señor, no sabemos adónde vas. ¿Cómo podemos saber el camino?». Y Jesús le responde: «Yo soy el camino» (vv. 5-6). Y es un camino que nos recuerda la vida cristiana. Pero hay muchas maneras de recorrerlo.

Ante todo, está el que no camina. Un cristiano que no camina es un cristiano *no cristiano*, por decirlo de alguna manera; es un cristiano algo paganizado que se queda quieto, inmóvil, no recorre el camino cristiano, no hace florecer las bienaventuranzas en su vida, no practica la misericordia, está estancado. Es como una *momia espiritual*. Hay cristianos que son como *momias espirituales*: están quietos, no hacen el mal, pero tampoco el bien. Es una actitud que no dará fruto alguno. No son cristianos fecundos porque no caminan.

También están los que caminan, pero se equivocan de camino. Todos nos equivocamos de camino alguna vez, y es el Señor quien viene en nuestra ayuda. ¡No pasa nada por tomar el camino equivocado! Lo malo es ser testarudo y decir: «Este es el camino», y no permitir que la voz del Señor nos diga: «Este no es el camino, vuelve atrás y retoma el camino correcto». Cuando nos damos cuenta de los errores que hemos cometido, debemos retomar el camino correcto, sin empeñarnos en seguir el camino equivocado, porque nos aleja de Jesús.

También están los que caminan pero no saben adónde van; son los errantes de la vida cristiana, los vagabundos. Su vida consiste en merodear y en perderse lo mejor, que es acercarse a Jesús. Pierden la orientación porque dan muchas vueltas, que a menudo conducen a un camino sin salida. Dan tantas vueltas que acaban en un laberinto del que no saben cómo salir. Y así pierden la llamada de Jesús. No tienen brújula y se pierden en busca de una salida.

Otra clase de caminante es el que se deja seducir por algo hermoso que encuentra a lo largo del camino y se detiene seducido por lo que ve: una idea, una propuesta, un paisaje... Pero la vida cristiana no es una fascinación, ¡es una verdad! ¡Es Jesucristo! La vida cristiana permite mirar lo que nos gusta, apreciar la belleza —que debemos admirar, pues es obra de Dios—, pero no detenerse. La vida cristiana debe seguir y no debemos permitir que las cosas hermosas o la vida apacible nos detengan.

Hoy podemos preguntarnos: ¿hasta dónde he llegado en mi camino cristiano que empezó con el bautismo? ¿Estoy parado? ¿Me he perdido por el camino? ¿No paro de dar vueltas pero no tengo una meta espiritual? ¿Me paro ante las cosas que me gustan (lo mundano, la vanidad y cosas por el estilo) o siempre sigo adelante, viviendo concretamente las bienaventuranzas y las obras de misericordia? Es bueno que nos lo preguntemos, ¡es un examen de conciencia! Son suficientes cinco minutos para hacerse estas preguntas: ¿dónde he llegado en mi camino cristiano? ¿Estoy parado? ¿Me he perdido? ¿Doy vueltas? ¿Me paro ante las cosas que me gustan? ¿O sigo el camino que es Jesús?

Pidamos al Espíritu Santo que nos enseñe a caminar de manera correcta. Y que cuando estemos cansados sepamos descansar un momento y seguir adelante. Pidámosle esta gracia.

Lecturas de los padres de la Iglesia

Los cristianos son como los peregrinos (Carta a Diogneto)[1]

Los cristianos viven en ciudades griegas y bárbaras, según les dicta el azar; siguen las costumbres de los habitantes del lugar tanto en el vestir como en todo lo demás, y dan testimonio de un modo de vida social admirable y, sin duda, paradójico. Habitan en su propia patria, pero como forasteros; toman parte en la vida social como ciudadanos, pero están distantes de todo como extranjeros; toda patria extranjera es su patria y toda patria es extranjera. Como todos, se casan y engendran hijos, pero no se deshacen de los hijos que conciben. Tienen la mesa en común, pero no el lecho. Viven en la carne, pero no según la carne (*cfr.* 2 Corintios 10, 3). Viven en la tierra, pero son ciudadanos del cielo (*cfr.* Filipenses 3, 20). Obedecen las leyes establecidas y con su modo de vivir las superan. Aman a todos y todos los persiguen. Se los condena sin conocerlos. Se les da muerte y con ello reciben la vida. Son pobres y enriquecen a muchos (*cfr.* 2 Corintios 6, 9-10); carecen de todo y todo les sobra. [...]

1. Diogneto 5-6, en *I Padri apostolici,* A. Quacquarelli (ed.), Città Nuova (Testi patristici, 5), Roma, 19917, pp. 356-358.

En resumidas cuentas, los cristianos son para el mundo lo que el alma es para el cuerpo. [...] Como el alma inmortal habita en una morada mortal, los cristianos viven como extranjeros entre las cosas que se corrompen, esperando la incorruptibilidad del cielo.

32

Aprender el arte de amar

Sexto domingo de Pascua
(Juan 14, 15-21)

«Si me amáis, guardaréis mis mandamientos. Y yo pediré al Padre que os dé otro Paráclito, que esté siempre con vosotros, el Espíritu de la verdad. El mundo no puede recibirlo, porque no lo ve ni lo conoce; vosotros, en cambio, lo conocéis, porque mora con vosotros y está en vosotros. No os dejaré huérfanos, volveré a vosotros. Dentro de poco el mundo no me verá, pero vosotros me veréis y viviréis, porque yo sigo viviendo. Entonces sabréis que yo estoy en mi Padre, y vosotros en mí y yo en vosotros. El que acepta mis mandamientos y los guarda, ese me ama; y el que me ama será amado por mi Padre, y yo también lo amaré y me manifestaré a él».

El Evangelio de hoy, continuación del que leímos el domingo pasado, nos transporta al momento conmovedor y dramático de la última cena de Jesús con sus discípulos. El evangelista Juan oye de boca del Señor sus últimas enseñanzas antes de la pasión y muerte.

En ese momento triste y oscuro, Jesús promete a sus amigos que enviará «otro Paráclito» (Juan 14, 16), palabra que significa 'abogado', 'defensor' o 'consuelo': «el Espíritu de la verdad» (v. 17). Y añade: «No os dejaré huérfanos: volveré a vosotros» (v. 18). Estas palabras transmiten la alegría de una nueva venida de Cristo: Él, resucitado y glorificado, vive en el Padre y al mismo tiempo viene a nosotros en el Espíritu Santo. Y en su nueva venida se revela nuestra unión con Él y con el Padre: «Sabréis que yo estoy en mi Padre, y vosotros en mí y yo en vosotros» (v. 20).

Meditando estas palabras de Jesús, hoy percibimos gracias a la fe que somos el pueblo de Dios en comunión con el Padre y con Jesús mediante el Espíritu Santo. En este misterio de comunión, la Iglesia encuentra la fuente inagotable de su misión, que se realiza mediante el amor. Jesús dice en el Evangelio de hoy: «El que acepta mis mandamientos y los guarda, ese me ama; y el que me ama será amado por mi Padre, y yo también lo amaré y me manifestaré a él»

(v. 21). El amor nos introduce en el conocimiento de Jesús gracias a este «abogado» que Jesús nos envía, es decir, el Espíritu Santo. El amor a Dios y al prójimo es el mandamiento más grande del Evangelio. El Señor nos llama hoy a corresponder generosamente a la llamada evangélica al amor, poniendo a Dios en el centro de nuestra vida y dedicándonos al servicio de los hermanos, especialmente de los más necesitados de apoyo y consuelo.

Si existe un comportamiento difícil de cumplir y que no hay que dar por sentado, ni siquiera en una comunidad cristiana, es precisamente el de amar al prójimo siguiendo el ejemplo del Señor, y con su gracia. Las discrepancias, el orgullo y la envidia también pueden dejar una señal en el hermoso rostro de la Iglesia. Una comunidad de cristianos debería vivir en la caridad de Cristo; sin embargo, a veces, el Maligno interviene y nos dejamos engañar por él. Y quienes sufren las consecuencias son las personas espiritualmente más débiles. Cuántos —seguro que conocéis a algunos— se han alejado porque no se han sentido aceptados, comprendidos y amados. Cuántos se han alejado de alguna parroquia o comunidad, por ejemplo, a causa de los chismorreos, los celos y la envidia que también hay en ellas. Saber amar no es algo que se adquiere de una vez para siempre, ni siquiera para un cristiano. Hay que volver a empezar de nuevo cada día, practicar para que el amor hacia los hermanos y las hermanas madure y se purifique de los pecados que lo vuelven parcial, egoísta, estéril e infiel. Hay que aprender cada día el arte de amar, seguir con paciencia el ejemplo de Cristo, perdonar y fijarse en Jesús. Y ese «abogado» que Jesús nos ha enviado, es decir, el Espíritu Santo, nos ayudará.

Que la Virgen María, discípula perfecta de su Hijo y Señor, nos ayude a obedecer al Paráclito, Espíritu de verdad, para que cada día aprendamos a amarnos como Jesús nos ha amado.

Lecturas de los padres de la Iglesia

San Ireneo de Lyon, *El espíritu, don de la caridad de Jesús*[1]

Tras haber recibido del Padre el don de la vida eterna, el Señor la donó a su vez a quienes participan de Él, enviando el Espíritu Santo a toda la tierra. [...]

Es el mismo que de nuevo dio a la Iglesia al en-

1. San Ireneo de Lyon, *Herejía* 3, 17, 2-3, en san Ireneo de Lyon, *Contro le eresie. Smascheramento e confusione della falsa gnosi,* vol. II, A. Cosentino (ed.), Città Nuova (Testi patristici, 208), Roma, 2009, p. 99.

viar desde el cielo —del que el diablo fue arrojado como un rayo según la palabra del Señor (*cfr.* Lucas 10, 18; Apocalipsis 12, 9)— al Paráclito sobre toda la tierra (*cfr.* Juan 15, 6). Por eso necesitamos el rocío de Dios, para no consumirnos en el fuego y para que, teniendo un acusador (*cfr.* Apocalipsis 12, 10), tengamos también un defensor. Porque el Señor encomendó al Espíritu Santo al hombre que había caído en las manos de los salteadores y del que se compadeció, vendó sus heridas y le dio dos denarios (*cfr.* Lucas 10, 30-35) para que, tras haber recibido por medio del Espíritu *la imagen y la inscripción* (Mateo 22, 20 y paral.) del Padre y del Hijo, hagamos fructificar el denario que se nos dio y lo devolvamos al Señor multiplicado (*cfr.* Mateo 25, 14-30; Lucas 19, 12-27).

33

La tarea de la Iglesia

Ascensión del Señor
(Mateo 28, 16-20)

> Id, pues, y haced discípulos a todos los pueblos, bautizándolos en el nombre del Padre y del Hijo y del Espíritu Santo; enseñándoles a guardar todo lo que os he mandado. Y sabed que yo estoy con vosotros todos los días, hasta el final de los tiempos.

Hoy se celebra la Ascensión de Jesús al cielo, que sucedió cuarenta días después de la Pascua. El pasaje evangélico que hemos leído —que concluye el Evangelio de Mateo— nos narra la despedida definitiva del Resucitado de sus discípulos.

La escena está ambientada en Galilea, el lugar donde Jesús los llamó para que lo siguieran y donde formaron el primer núcleo de la nueva comunidad. Ahora esos discípulos han pasado a través del *fuego* de la pasión y de la resurrección. Al ver al Señor resucitado se postran ante Él, pero algunos todavía tienen dudas. Jesús delega la importante tarea de evangelizar el mundo a esta comunidad atemorizada, y concreta y ordena que deben enseñar y bautizar en el nombre del Padre y del Hijo y del Espíritu Santo (*cfr.* Mateo 28, 19).

La Ascensión de Jesús al cielo constituye por lo tanto el final de la misión que el Hijo recibió del Padre y el principio de su continuación por parte de la Iglesia. Desde el momento de la Ascensión, en efecto, la presencia de Cristo en el mundo está representada por sus discípulos, por los que creen en Él y lo proclaman. Esta misión durará hasta el final de los tiempos y siempre contará con el apoyo del Señor resucitado, que asegura: «Y sabed que yo estoy con vosotros todos los días, hasta el final de los tiempos» (v. 20).

Su presencia da fortaleza en las persecuciones, consuelo en las tribulaciones y apoyo en las situaciones difíciles que encuentran la misión y el anuncio del Evangelio. La Ascensión nos recuerda este apoyo de Jesús y de su Espíritu, que da confianza y seguridad a nuestro testimonio cristiano en el mundo. Nos revela por qué existe la Iglesia: la Iglesia existe para anunciar el Evangelio, ¡solo para eso! Y también que la alegría de la Iglesia es anunciar el Evangelio. La Iglesia somos todos los bautizados. Hoy estamos invitados a comprender que Dios nos ha dado el gran honor y la responsabilidad de proclamarlo al mundo, de hacerlo accesible a la humanidad. Este es nuestro orgullo, el honor más grande para cada uno de nosotros, ¡para todos los bautizados!

En esta fiesta de la Ascensión, mientras dirigimos la mirada al cielo donde Cristo ha ascendido y está sentado a la derecha del Padre, reforcemos nuestros pasos en la tierra para seguir recorriendo con entusiasmo y valentía nuestro camino, nuestra misión de testimoniar y vivir el Evangelio en cualquier lugar. Somos conscientes de que esta misión no depende únicamente de nuestras fuerzas, capacidad de organización y recursos humanos y de que solo la luz y la fuerza del Espíritu Santo puede ayudarnos a cumplir eficazmente nuestro cometido, que es llevar a los demás el amor y la ternura de Jesús.

Que la Virgen María nos ayude a contemplar los bienes celestiales que el Señor nos promete y a convertirnos en testigos firmes de su resurrección, de la verdadera vida.

Lecturas de los padres de la Iglesia

San León I el Magno, *No solo en el pasado, sino también en el presente*[1]

Aunque sea más propio de la vida eterna, y no de esta, que Dios sea todo en todos (cfr. *1Cor* 15, 28), Él es la cabeza del cuerpo que es la Iglesia (cfr. *Col* 1, 18), como prometió cuando dijo: «Yo estoy con vosotros todos los días, hasta el final de los tiempos» (Mateo 28, 20). [...]

Todo lo que el Hijo de Dios hizo y nos enseñó por la reconciliación del mundo no lo sabemos únicamente por la historia del pasado, sino también por la fuerza de las obras del presente. El mismo que vino al mundo de una madre virgen, ahora fecunda su Iglesia incontaminada por obra del Espíritu Santo, generando mediante el bautismo una multitud de hijos de Dios. [...] A pesar de que diga al beato Pedro «apacienta mis ovejas» (Juan 21, 17), un solo Señor gobierna a todos los pastores. Él alimenta a todos los que vienen a la Piedra con pastos abundantes y flori-

1. San León i el Magno, *Sermón* 63, 3.6, en *Sancti Leonis Magni, Romani pontificis, Opera omnia* (Patrologiae cursus completus. Series Latina, 54), P. Ballerini, H. Ballerini y J.-P. Migne (eds.), vol. I, París, 1846, pp. 355, 356-357.

dos para que las ovejas, fortalecidas por la exuberancia del buen Pastor que se dignó a ofrecer su vida por ellas (*cfr.* Juan 10, 15), no tengan miedo de morir por Él.

34

Con la libertad del Espíritu Santo

Pentecostés
(Juan 20, 19-23)

Al anochecer de aquel día, el primero de la semana, estaban los discípulos en una casa, con las puertas cerradas por miedo a los judíos. Y en esto entró Jesús, se puso en medio y les dijo: «Paz a vosotros». Y, diciendo esto, les enseñó las manos y el costado. Y los discípulos se llenaron de alegría al ver al Señor. Jesús repitió: «Paz a vosotros. Como el Padre me ha enviado, así también os envío yo». Y, dicho esto, sopló sobre ellos y les dijo: «Recibid el Espíritu Santo».

La fiesta de Pentecostés conmemora la efusión del Espíritu Santo sobre los apóstoles reunidos en el cenáculo. El libro de los Hechos de los Apóstoles describe las señales y los frutos de esa extraordinaria efusión: el viento recio y las lenguas de fuego; el miedo desaparece y deja espacio a la valentía; las lenguas se desatan y todos comprenden el anuncio (*cfr.* Hechos 2, 1-13). Donde llega el Espíritu de Dios, todo renace y se transfigura. El acontecimiento de Pentecostés marca el nacimiento de la Iglesia y su manifestación pública. Dos rasgos nos impresionan: es una Iglesia que sorprende y desbarata.

Un elemento fundamental de Pentecostés es la sorpresa. Nuestro Dios es el Dios de las sorpresas, lo sabemos. Nadie se esperaba nada más de los discípulos: después de la muerte de Jesús, huérfanos de su Maestro, formaban un grupo insignificante de derrotados. Sucede, en cambio, un hecho inesperado que suscita asombro: la gente está desconcertada porque los discípulos cuentan las grandes obras de Dios en todas las lenguas (*cfr.* Hechos 2, 6-7, 11). La Iglesia que nace en Pentecostés es una comunidad que causa asombro porque, con la fuerza que recibe de Dios, anuncia un mensaje nuevo (la resurrección de Cristo) con un lenguaje nuevo (el lenguaje universal del amor). Los discípulos ostentan un poder que viene de arriba y hablan con valor y franqueza, con la libertad del Espíritu Santo.

Así está llamada a ser la Iglesia de todos los tiempos: capaz de sorprender anunciando a todos que Jesucristo ha vencido a la muerte, que los brazos de

Dios siempre están abiertos, que su paciencia está siempre esperándonos para sanarnos y para perdonarnos. Jesús resucitado entregó su Espíritu a la Iglesia precisamente para cumplir esta misión.

Atención: si la Iglesia está viva, siempre debe sorprender. Sorprender es lo que caracteriza a la Iglesia viva. Una Iglesia que no tiene capacidad para sorprender es una Iglesia débil, enferma, moribunda; hay que ingresarla en la unidad de cuidados intensivos cuanto antes.

En Jerusalén, más de uno hubiera preferido que los discípulos de Jesús, paralizados por el miedo, se quedaran encerrados en sus casas y acallaran sus voces. Sigue habiendo gente que desearía acallar a los cristianos. El Señor resucitado, en cambio, los empuja hacia el mundo: «Como el Padre me ha enviado, así también os envío yo» (Juan 20, 21).

La Iglesia de Pentecostés es una Iglesia que no se resigna a ser inocua, *neutra*. No, ¡no se resigna! No quiere ser un elemento decorativo. Es una Iglesia que no duda en salir, al encuentro de la gente, para anunciar el mensaje que le ha sido confiado, incluso si ese mensaje molesta, sacude las conciencias, acarrea problemas o, a veces, conduce al martirio. La Iglesia nace una y universal, con una identidad precisa, pero abierta. Es una Iglesia que abraza al mundo, pero que no lo captura; lo deja libre, pero lo abraza como la columnata de la plaza de San Pedro: dos brazos que se abren para acoger, pero que no se cierran para retener. Los cristianos somos libres, ¡y la Iglesia nos quiere libres!

Nos dirigimos a la Virgen María, que esa mañana de Pentecostés estaba en el cenáculo, y la Madre estaba con sus hijos. La fuerza del Espíritu Santo hizo «obras grandes» (Lucas 1, 49) en ella. Que María, Madre del Redentor y Madre de la Iglesia, obtenga con su intercesión una renovada efusión del Espíritu de Dios sobre la Iglesia y sobre el mundo.

Lecturas de los padres de la Iglesia

Tertuliano, *Los apóstoles y la fuerza del Espíritu Santo*[1]

Los apóstoles, que habían obtenido la fuerza del Espíritu Santo que les había sido prometida para hacer milagros y obrar el don de lenguas, empezaron a dar

1. Tertuliano, *Prescripción* 20, 2-4, 22, 7-8, en Tertuliano, *Opere dottrinali. Le prescrizioni, Contro Ermogene, Contro i Valentiniani, La carne di Cristo,* C. Moreschini (ed.), Città Nuova (Scrittori cristiani dell'Africa romana, 3/2.a), Roma, 2010, pp. 55-59.

testimonio de la fe de Jesucristo en Judea, donde formaron comunidades. Después se dispersaron por el mundo para anunciar a la gente la misma doctrina y la misma fe. Y, como en Judea, fundaron Iglesias en todas las ciudades; de ellas se ramificaron los sarmientos de la fe y se sembraron las simientes de la doctrina, y de ellas derivan todavía las Iglesias. [...] Prueba de su unidad es el intercambio de la paz, el apelativo *hermano* y las señas características de la hospitalidad. [...]

[El Señor] dijo una vez: «Muchas cosas me quedan por deciros, pero no podéis cargar con ellas por ahora» (Juan 16, 12). Pero añadió: «Cuando venga él, el Espíritu de la verdad, os guiará hasta la verdad plena», para demostrarles que, según lo prometido, lo conocerían todo gracias al Espíritu de la verdad. Y, sobre todo, para cumplir su promesa, pues los Hechos de los Apóstoles testimonian la venida del Espíritu Santo (*cfr.* Hechos 2, 1-4).

35

El amor que es Dios

Santísima Trinidad
(Juan 3, 16-18)

> Porque tanto amó Dios al mundo, que entregó a su Unigénito, para que todo el que cree en Él no perezca, sino que tenga vida eterna. Porque Dios no envió a su Hijo al mundo para juzgar al mundo, sino para que el mundo se salve por él.

Hoy celebramos la solemnidad de la Santísima Trinidad, que presenta a nuestra contemplación y adoración la vida divina del Padre, del Hijo y del Espíritu Santo: una vida de comunión y de amor perfecto, origen y meta de todo el universo y de toda criatura, Dios.

En la Trinidad también reconocemos el modelo de la Iglesia, en la que estamos llamados a amarnos como Jesús nos amó. El amor es la señal de reconocimiento de la fe en Dios Padre, Hijo y Espíritu Santo.

Es el amor el que distingue al cristiano, pues, como dijo Jesús: «En esto conoceréis todos que sois discípulos míos: si os amáis unos a otros» (Juan 13, 35). Es una contradicción pensar en cristianos que se odian. ¡Es una contradicción! El diablo busca que nos odiemos, por eso siembra la cizaña del odio. No conoce el amor, ¡el amor es de Dios!

Todos estamos llamados a testimoniar y anunciar este mensaje: «Dios es amor» (1 Juan 4, 8, 16), Dios no es indiferente o insensible a nuestras vicisitudes humanas. Nos acompaña, está siempre a nuestro lado, camina con nosotros para compartir nuestras alegrías y nuestras penas, nuestras esperanzas y nuestras fatigas. Nos ama tanto y hasta tal punto que se hizo hombre y vino al mundo, no para juzgarlo, sino para que el mundo se salvara gracias a Él (Juan 3, 16-17). Este es el amor de Dios en Jesús, un amor muy difícil de comprender, pero muy fácil de sentir cuando nos acercamos a Él. Jesús nos perdona siempre, nos espera siempre, nos ama. El amor de Jesús que sentimos es el amor de Dios.

El Espíritu Santo, don de Jesús resucitado, nos comunica la vida divina y nos introduce en el dinamismo de la Trinidad, que es un dinamismo de amor, comunión, servicio recíproco y participación. Una persona que ama por la alegría de amar es un reflejo de la Trinidad. Una familia que se ama y se ayuda es un reflejo de la Trinidad. Una parroquia cuyos miembros se quieren y comparten los bienes espirituales y materiales es un reflejo de la Trinidad.

El Evangelio de hoy narra una parte del diálogo nocturno entre Jesús y Nicodemo, un hombre que, pese a ocupar un cargo importante en la comunidad religiosa y civil de su tiempo, nunca dejó de buscar a Dios. Nunca pensó: «He llegado». Y puesto que no dejó de buscar a Dios, percibió el eco de su voz en Jesús. Durante este diálogo nocturno, Nicodemo comprende finalmente que Dios lo ha buscado y lo está esperando, que lo ama de forma personal. Dios siempre es el primero en buscarnos. Es como la flor del almendro —dice el Profeta—, que florece la primera (*cfr.* Jeremías 1, 11-12). En efecto, así habla Jesús a Nicodemo: «Tanto amó Dios al mundo, que entregó a su Unigénito, para que todo el que cree en Él no perezca, sino que tenga vida eterna» (Juan 3, 16). Pero ¿qué es la vida eterna? Es el amor sin límites y gratuito del Padre que Jesús nos dio en la cruz al ofrecer su vida por nuestra salvación. Y este amor, gracias al Espíritu Santo, ha irradiado una luz nueva sobre la tierra y sobre los corazones de los hombres que lo acogen; una luz que ilumina los rincones más oscuros y suaviza las aristas que nos impiden dar los frutos buenos de la caridad y la misericordia.

Que la Virgen María, criatura perfecta de la Trinidad, nos ayude a hacer de nuestra vida —en los pequeños gestos y en las elecciones más importantes— un himno de alabanza a Dios, que es amor. Y nos ayude a entrar en comunión con la Trinidad para vivir y testimoniar con toda nuestra alma el amor que da sentido a nuestra existencia.

Lecturas de los padres de la Iglesia

San Agustín, *La forma del amor*[1]

> En esto consiste el amor. Así se manifestó el amor de Dios en nosotros: Dios envió a su Hijo unigénito a este mundo para que vivamos a través de Él. En esto consiste el amor, no en el hecho de que nosotros hayamos amado, sino en el hecho de que Él nos amó.
>
> En efecto, no lo amamos primero, sino que Él nos amó primero para que lo amasemos. Y Dios envió

1. San Agustín, *Comentario a la primera carta de san Juan* 7, 9-10, en san Agustín, *Commento al Vangelo e alla prima epistola di San Giovanni*, G. Madurini y L. Muscolino (eds.), Città Nuova (Nuova Biblioteca Agostiniana, 24/2), Roma, 19852, pp. 1783-1785.

a su Hijo para que se sacrificara por nuestros pecados. Inmoló a la víctima por nuestros pecados. ¿Dónde la encontró? ¿Dónde encontró a la víctima pura que quería ofrecer? No la encontró, se ofreció a sí mismo. Queridos hermanos, si Dios nos amó de esta manera, nosotros también debemos amarnos los unos a los otros (*cfr.* 1 Juan 4, 9-11). «Pedro —dijo—, ¿me amas?». Y él le respondió: «Te amo. Apacienta mis ovejas» (Juan 21, 15-17).

«Nadie ha visto jamás a Dios» (1 Juan 4, 12). Dios es invisible; no hay que buscarlo con los ojos, sino con el corazón. [...] Que nadie se haga una idea de Dios con el juicio de los ojos: sería la imagen de una forma inmensa que se extiende en el espacio de manera inconmensurable; como la luz en nuestros ojos, Él se extiende al infinito. O bien sería un viejo de aspecto venerable. Debemos evitar esta clase de pensamientos. Si queremos ver a Dios, disponemos de la idea apropiada: Dios es amor.

¿Qué rostro tiene el amor? ¿Qué forma, qué estatura, qué pies, qué manos tiene? Nadie lo puede decir. Y, sin embargo, tiene pies que conducen a la Iglesia; tiene manos que dan al pobre; tiene ojos que miran por el necesitado. Dice el salmo: «Dichoso el que mira por el necesitado y el pobre» (Salmos 40, 2).

36

Un don sin medida

Corpus Domini
(Juan 6, 51-58)

> Yo soy el pan vivo que ha bajado del cielo; el que coma de este pan vivirá para siempre. Y el pan que yo daré es mi carne por la vida del mundo.

Este domingo se celebra en muchos países la festividad del Cuerpo y la Sangre de Cristo, a menudo conocida por su nombre latino: *Corpus Domini* o *Corpus Christi.* La comunidad eclesial se reúne cada domingo alrededor de la eucaristía, sacramento instituido por Jesús en la última cena, pero cada año tenemos la alegría de celebrar la fiesta dedicada a este misterio central de la fe para expresar plenamente nuestra adoración a Cristo, que se ofrece como alimento y bebida de salvación.

El Evangelio de san Juan hoy nos presenta el discurso de Jesús sobre el *pan de vida* en la sinagoga de

Cafarnaúm, en el que afirma: «Yo soy el pan vivo que ha bajado del cielo; el que coma de este pan vivirá para siempre. Y el pan que yo daré es mi carne por la vida del mundo» (Juan 6, 51). Jesús subraya que no ha venido a este mundo para dar algo, sino para darse a sí mismo, su vida, como alimento para los que tienen fe en Él. Esta comunión con el Señor nos compromete a nosotros, sus discípulos, a imitarlo y a hacer de nuestra existencia, con nuestro comportamiento, un pan ofrecido a los demás como el Maestro se ofreció a sí mismo. Nuestras buenas acciones para con el prójimo demuestran que estamos dispuestos a ofrecer nuestra vida a los demás.

Cuando participamos en la santa misa y nos alimentamos con el cuerpo de Cristo, la presencia de Jesús y del Espíritu Santo actúa en nosotros, modela nuestro corazón, nos induce a abrazar actitudes interiores que se traducen en comportamientos según el Evangelio. En primer lugar, la apertura a la Palabra de Dios; en segundo lugar, la fraternidad, el valor del testimonio cristiano, la caridad, la capacidad de dar esperanza a los desesperados y de acoger a los excluidos. La eucaristía hace que maduremos un estilo de vida cristiano.

La caridad de Cristo, acogida con el corazón abierto, nos cambia, nos transforma, nos hace capaces de amar no de manera humana, es decir, limitada, sino según la medida de Dios. Y ¿cuál es la medida de Dios?, os preguntaréis. ¡Dios no tiene medida! La medida de Dios no tiene límites. ¡Es total! No se puede medir el amor de Dios porque el amor de Dios no conoce límites. Nos hace capaces de amar incluso a quien no nos ama, ¡lo más difícil! Porque si sabemos que alguien no nos ama, somos proclives a no amarlo. ¡Pues no! ¡Debemos amar incluso a quien no nos ama! Debemos responder al mal con el bien: perdonar, compartir, aceptar.

Gracias a Jesús y a su Espíritu, nuestra vida se convierte en *pan* para ofrecer a nuestros hermanos. ¡Esta es la verdadera alegría de la vida! La alegría de ofrecerse para devolver el gran don que recibimos sin mérito alguno. ¡Es hermoso ofrecer nuestra vida! Es imitar a Jesús.

Quisiera recordar dos cosas. En primer lugar, que la medida del amor de Dios es amar sin medida. En segundo lugar, que el ofrecimiento de nuestra vida es posible gracias al amor de Jesús que recibimos en la eucaristía. La ofrecemos como la ofreció Jesús. No olvidemos estas dos cosas: la medida del amor de Dios es amar sin medida, y, siguiendo a Jesús, gracias a la eucaristía, hacemos de nuestra vida un don.

Jesús, pan de vida eterna, bajó del cielo y se hizo

carne gracias a la fe de María Santísima. Tras haberlo concebido en su seno con un amor total, lo siguió fielmente hasta la cruz y la resurrección. Pidamos a la Virgen que nos ayude a descubrir la belleza de la eucaristía, a ponerla en el centro de nuestra vida, especialmente durante la misa dominical y en la adoración.

Lecturas de los padres de la Iglesia
San Cipriano de Cartago, *El pan de vida cotidiano*[1]

Cuando rezamos y pedimos: «El pan nuestro de cada día dánoslo hoy», [...] el pan de vida es Cristo, y este pan no es de todos, sino nuestro. Porque, del mismo modo que decimos «Padre nuestro», en cuanto que es padre de los cristianos y de los creyentes, decimos «pan nuestro» porque Cristo es el pan de los que nos unimos a su cuerpo. Los que vivimos en Cristo y recibimos cada día su eucaristía como alimento de salvación pedimos no ser privados de este pan para no separarnos del cuerpo de Cristo [...]. Por eso pedimos que nos sea dado cada día nuestro pan, es decir, Cris-

1. San Cipriano de Cartago, *Predicación del domingo* 18-20, en san Cipriano, *Trattati,* A. Cerretini (ed.), Città Nuova (Testi patristici 175), Roma, 2004, pp. 160-163.

to, para vivir y permanecer en Él y no apartarnos de su cuerpo que nos santifica.

En verdad, también puede interpretarse de otra manera, es decir, que pedimos para nosotros únicamente el alimento cotidiano [...]. Dios enseña que quien es perfecto tiene un tesoro en el cielo, pues ha vendido sus pertenencias y las ha repartido entre los pobres. Lo sigue e imita realmente la gloria de la pasión quien, libre de toda posesión y atadura, no está ligado a ningún interés material y se postra a los pies del Señor.

37

La misión no se caracteriza por la tranquilidad

Duodécimo domingo del tiempo ordinario
(Mateo 10, 26-33)

> No les tengáis miedo, porque nada hay encubierto que no llegue a descubrirse; ni nada hay escondido que no llegue a saberse. Lo que os digo en la oscuridad, decidlo a la luz, y lo que os digo al oído, pregonadlo desde la azotea. No tengáis miedo a los que matan el cuerpo, pero no pueden matar el alma. No, temed al que puede llevar a la perdición alma y cuerpo en la gehena.

En el Evangelio de hoy, el Señor Jesús, después de haber llamado a sus discípulos y haberlos enviado a cumplir su misión, los instruye y los prepara para afrontar las pruebas que encontrarán y las persecuciones que sufrirán. Ir de misión no es hacer turismo. En efecto, Jesús les advierte: «Y seréis odiados por todos a causa de mi nombre» (*cfr.* Mateo 10, 22); y los exhorta: «No les tengáis miedo, porque nada hay encubierto que no llegue a descubrirse [...]. Lo que os digo en la oscuridad, decidlo a la luz. [...] No tengáis miedo a los que matan el cuerpo, pero no pueden matar el alma». (vv. 26-28). No temáis a los que pueden matar solamente el cuerpo, pero no tienen el poder de matar el alma. Cuando Jesús envía a sus discípulos a cumplir con su misión, no les garantiza el éxito ni los pone a salvo de fracasos y sufrimientos. Los discípulos saben que pueden ser rechazados y perseguidos. Esto asusta un poco, pero es la verdad.

El discípulo está llamado a adaptar su vida a Cristo, que fue perseguido por los hombres, conoció el rechazo, el abandono y la muerte en la cruz. ¡No existe una misión cristiana caracterizada por la tranquilidad! Los obstáculos y las tribulaciones forman parte de la obra de evangelización y estamos llamados a considerarlos oportunidades para poner a prueba la autenticidad de nuestra fe y de nuestra relación con Jesús. Debemos considerar estos obstáculos como oportunidades para ser más misioneros y para consolidar la fe en Dios, nuestro Padre, que no abandona a sus hijos en apuros.

Cuando un cristiano se encuentra ante un obstáculo por testimoniar su fe ante el mundo, nuestro

Padre no lo olvida y lo ayuda. Por eso en el Evangelio de hoy Jesús tranquiliza tres veces a sus discípulos diciendo: «¡No tengáis miedo!».

Los cristianos siguen sufriendo persecución en la actualidad. Nosotros rezamos por nuestros hermanos y hermanas que son perseguidos y alabamos a Dios porque, a pesar de eso, fieles a su fe, siguen dando un testimonio valiente. Su ejemplo nos ayuda a no titubear a la hora de ponernos de parte de Cristo y de tener la valentía de dar testimonio de Él cotidianamente, incluso en ambientes que aparentemente no son hostiles.

En efecto, una forma de prueba puede ser incluso la ausencia de hostilidad y de problemas. Incluso en ese caso, el Señor nos manda —además de como «ovejas en medio de los lobos» (*cfr.* Mateo 10, 16)— como centinelas en medio de la gente que no quiere ser despertada del torpor mundano, que ignora las palabras de verdad del Evangelio, construyéndose sus propias verdades efímeras. Si predicamos las palabras del Evangelio en un ambiente así, seguramente molestaremos y no seremos bien recibidos.

El Señor sigue diciéndonos: «¡No tengáis miedo!», tal y como decía a sus discípulos. Ante las tribulaciones y la persecución, escuchemos la voz del Señor en nuestro corazón: «¡No tengas miedo! ¡Sigue adelante! ¡Yo estoy contigo!». No tengáis miedo de quien se burla de vosotros y os maltrata, no tengáis miedo de quien no os hace caso, de quien combate el Evangelio a vuestras espaldas. Hay mucha gente aparentemente amable que lucha contra el Evangelio en secreto. Jesús no nos deja solos porque para Él somos valiosos. Cada uno de nosotros tiene valor para Jesús, y Él nos acompaña.

Que la Virgen María, modelo de humilde y valiente adhesión a la Palabra de Dios, nos ayude a entender que en el testimonio de la fe no cuentan los éxitos, sino la fidelidad a Cristo, y a saber que en cualquier circunstancia, incluso en las más problemáticas, el don inestimable es ser sus discípulos misioneros.

Lecturas de los padres de la Iglesia

Tertuliano, *La persecución siembra conversión*[1]

> Perseverad en la persecución, buenos gobernadores, seréis más aplaudidos por el pueblo si sacrificáis cristianos: crucificadnos, torturadnos, condenadnos,

1. Tertuliano, Apología 50, 12-16, en Tertuliano, *Apologia del cristianesimo. La carne di Cristo,* C. Moreschini y L. Rusca (eds.), Bur, Milán, 20003, pp. 311-312.

aplastadnos. ¡Nuestra inocencia es la prueba de vuestra iniquidad! Por eso sufre Dios, porque nosotros sufrimos tales padecimientos. Porque cuando estos días condenasteis a aquella señora cristiana a la prostitución en vez de a ser arrojada a los animales, admitisteis que para nosotros manchar nuestra pureza es más atroz que cualquier otra pena o sentencia de muerte.

Pero de nada sirven vuestras injustas crueldades: son más bien un atractivo para nuestra *secta*. Segando nos sembráis, la sangre de los cristianos es semilla de conversión. [...]

¿Quién, pues, contemplando esta firmeza no se siente turbado y empujado a investigar qué secreto oculta este misterio? ¿Quién, cuando lo descubre, no se siente atraído? ¿Quién, cuando se acerca, no desea padecer el martirio para conseguir la gracia de Dios? ¿Para obtener el perdón a cambio de su sangre? Todos los pecados, en efecto, se perdonan con el martirio. Por eso os agradecemos vuestras sentencias. La diferencia entre lo divino y lo humano reside en que vosotros nos condenáis y Dios nos absuelve.

38

Un corazón transparente

Decimotercer domingo del tiempo ordinario
(Mateo 10, 37-42)

> El que quiere a su padre o a su madre más que a mí, no es digno de mí; el que quiere a su hijo o a su hija más que a mí, no es digno de mí; y el que no carga con su cruz y me sigue, no es digno de mí. El que encuentre su vida la perderá, y el que pierda su vida por mí, la encontrará. El que os recibe a vosotros me recibe a mí, y el que me recibe, recibe al que me ha enviado.

La liturgia de hoy nos presenta las últimas frases del discurso misionero del Evangelio de Mateo (Mateo 10), en el que Jesús instruye a los doce apóstoles antes de enviarlos por primera vez a evangelizar las aldeas de Galilea y Judea. En esta parte final, Jesús subraya dos aspectos esenciales para la vida del discípulo misionero: el primero, que su vínculo con Jesús es más fuerte que cualquier otro vínculo; el segundo, que el misionero no se representa a sí mismo, sino a Jesús, y, mediante él, al amor del Padre celestial. Estos dos aspectos están conectados, porque cuanto más fuerte es la presencia de Jesús en el corazón y la vida de un discípulo, más *transparente* es este discípulo en su presencia. Los dos forman una sola cosa.

«El que quiere a su padre o a su madre más que a mí, no es digno de mí», dice Jesús (v. 37). El afecto de un padre, la ternura de una madre, la dulce amistad entre hermanos y hermanas son sentimientos buenos y legítimos que, sin embargo, no pueden estar por encima de Cristo. No porque Él desee que seamos duros de corazón o desagradecidos, todo lo contrario, sino porque la condición del discípulo exige que la relación con el maestro tenga la prioridad; independientemente de que sea laico, laica, sacerdote u obispo, la relación debe ser prioritaria. Quizá la primera pregunta que debería hacerse a un cristiano es: «¿Te encuentras con Jesús? ¿Le rezas a Jesús?».

El que antepone este vínculo de amor y de vida con el Señor Jesús a todo lo demás se convierte en su representante, en su *embajador,* sobre todo con su modo de ser, de vivir. Hasta tal punto que Jesús, al encomendar la misión a sus discípulos, dice: «El que os recibe a vosotros me recibe a mí, y el que me recibe a mí, recibe al que me ha enviado» (Mateo 10, 40). A los demás les debe quedar claro que para ese discípulo Jesús es verdaderamente *el Señor,* el núcleo de su vida, lo que está por encima de todo. No importa que el discípulo, como cualquier otra persona, tenga sus límites y cometa errores, si tiene la humildad de reconocerlos. Lo que cuenta es que su corazón no albergue doblez, porque eso sí es peligroso. Ser cristiano, discípulo de Jesús, sacerdote u obispo, pero actuar con doblez es incompatible. Nuestro corazón debe ser uno solo, no se puede tener el pie en dos estribos, hay que ser honesto con uno mismo y con los demás. La doblez no es cristiana. Por esto Jesús le pide al Padre que los discípulos no caigan en el espíritu del mundo. O estás con Jesús, con el espíritu de Jesús, o estás con el espíritu del mundo.

Nuestra experiencia de sacerdotes nos enseña algo muy hermoso e importante a este respecto: es precisamente esta acogida del santo pueblo fiel de Dios, el «vaso de agua fresca» ofrecido con afecto del que nos habla hoy el Señor en el Evangelio (v. 42) el que nos ayuda a ser buenos sacerdotes. En la misión también hay una reciprocidad: si lo dejas todo por Jesús, la gente reconoce en ti al Señor y eso también te ayuda a convertirte cada día a Él, a renovarte y purificarte de los compromisos con el espíritu del mundo y a superar las tentaciones. Cuanto más cerca esté un sacerdote del pueblo de Dios, más cerca de Jesús y del pueblo de Dios se sentirá.

La Virgen María experimentó en primera persona qué significa amar a Jesús desprendiéndose de sí misma, dando un nuevo sentido a los vínculos familiares a partir de la fe en Él. Que con su intercesión materna nos ayude a ser libres y felices misioneros del Evangelio.

Lecturas de los padres de la Iglesia

San Agustín, *Ser humildes en Cristo*[1]

> Cristo toma forma, mediante la fe, en el alma del creyente que es llamado a la libertad de la gracia; esto se obra en los mansos y humildes de corazón, que no se jactan de sus méritos, inexistentes, pues todo mérito nace de la gracia. Un hombre así puede ser llamado el más pequeño de los suyos, es decir, él mismo, que dijo: «Cada vez que lo hicisteis con uno de estos, mis [hermanos] más pequeños, conmigo lo hicisteis»

1. San Agustín, en *Gálatas* 38, en san Agustín, *Opere esegetiche,* vol. X/II, D. Gentili, V. Tarulli y otros (eds.), Città Nuova (Nuova Biblioteca Agostiniana, 10/2), Roma, 1997, pp. 633-635.

(Mateo 25, 40). Cristo, en efecto, se forma en quien adquiere la forma de Cristo, y esta forma de Cristo la adquiere quien se une a él con amor espiritual. Al imitar a Cristo, en la medida de lo posible, el cristiano se convierte en Cristo. Dice san Juan: «Quien dice que habita en Cristo debe vivir como vivió él» (1 Juan 2, 6). [...]

Así pues, cuando [san Pablo] dice: «Hijos míos, por quienes vuelvo a sufrir dolores de parto, hasta que Cristo se forme en vosotros» (*cfr.* Gálatas 4, 19), no se refiere al principio de la fe, a cuando nacieron, sino a su desarrollo, a su perfección. San Pablo también menciona este parto en otro texto en el que dice: «Mi lucha cotidiana: la preocupación por todas las iglesias. ¿Quién es débil sin que yo me debilite también? ¿Quién tropieza sin que yo me encienda?» (2 Corintios 11, 28-29).

39

Jesús no nos quita la cruz, nos ayuda a llevarla

Decimocuarto domingo del tiempo ordinario
(Mateo 11, 25-30)

> Venid a mí todos los que estáis cansados y agobiados, y yo os aliviaré. Tomad mi yugo sobre vosotros y aprended de mí, que soy manso y humilde de corazón, y encontraréis descanso para vuestras almas. Porque mi yugo es llevadero y mi carga ligera.

En el Evangelio de hoy Jesús dice: «Venid a mí todos los que estáis cansados y agobiados, y yo os aliviaré» (Mateo 11, 28). El Señor no reserva esta frase para uno de sus amigos, sino que la dirige a *todos* los que están cansados y agobiados por la vida. ¿Quién puede sentirse excluido de esta invitación? El Señor sabe lo que puede llegar a pesar la vida. Sabe que hay muchas cosas que afligen el corazón: decepciones y heridas del pasado, cargas e injusticias que hay que llevar a cuestas en el presente, incertidumbres y preocupaciones por el futuro.

Ante todo esto, la primera palabra de Jesús es una invitación a reaccionar: «Venid». Cuando las cosas van mal, el error es no hacer nada. Lo damos por descontado, pero ¡qué difícil es reaccionar y abrirse! En los momentos oscuros tendemos a encerrarnos en nosotros mismos y a pensar que la vida es injusta y los demás son ingratos, que el mundo es malo y cosas por el estilo. Todos hemos pasado por un mal momento. Pero si nos encerramos en nosotros mismos, lo vemos todo negro. Podemos incluso llegar a familiarizarnos con la tristeza que se instala en nuestro corazón y nos deja postrados. Jesús, en cambio, quiere sacarnos de estas *arenas movedizas* y nos dice: «¡Ven!». La salida está en Él, en tender la mano y levantar la mirada hacia quien nos ama de verdad.

En efecto, no es suficiente con salir de uno mismo, hay que saber adónde dirigirse. Porque muchas metas son ilusorias: prometen un alivio, pero solo son una distracción pasajera; aseguran paz y diversión, pero dejan tras de sí la misma soledad de antes. Son fuegos artificiales. Por eso Jesús indica adónde ir: «Venid *a mí*». Muchas veces, cuando algo nos preocupa o nos apena, intentamos hablar con alguien que nos escuche, con un amigo, con un experto... Está bien, pero ¡no olvidemos a Jesús! No nos olvidemos de abrirnos a Él y de contarle lo que nos pasa, de encomendarle personas y situaciones. Quizá hay *zonas* de nuestra vida que nunca hemos compartido con Él y que han permanecido oscuras porque nunca han visto la luz del Señor. Si alguien tiene una zona oscura, que busque a Jesús, a un misionero de la misericordia, a un sacerdote... Que acuda a Jesús y se lo cuente. Él nos dice hoy a cada uno de nosotros: «¡Ánimo, no te rindas ante los obstáculos de la vida, no te cierres ante el miedo y el pecado! ¡Ven a mí!».

Él nos espera siempre, no para resolver nuestros problemas por arte de magia, sino para darnos la fuerza que necesitamos para hacerlo. Jesús no nos quita un peso, sino la angustia del corazón; no nos quita la cruz, sino que nos ayuda a llevarla. Gracias a Él, el peso se vuelve ligero (v. 30), porque nos proporciona el alivio que buscamos. Cuando Jesús entra en nuestras vidas, trae consigo la paz que necesitamos para afrontar una prueba o sobrellevar un sufrimiento. Acudamos a Jesús, démosle nuestro tiempo, encontrémonos con Él cada día en la oración, entablemos un diálogo personal de confianza; familiaricémonos con su Palabra, redescubramos sin miedo su perdón, saciémonos con su pan de vida y nos sentiremos amados y consolados por Él.

Él mismo nos lo pide, casi insistiendo. Lo repite una vez más al final del Evangelio de hoy: «Aprended de mí [...] y encontraréis descanso para vuestras almas» (v. 29). Aprendamos a ir hacia Jesús. Y mientras en estos meses estivales buscamos el descanso del cuerpo, no nos olvidemos de buscar el verdadero descanso en el Señor. Que la Virgen María, Madre nuestra, que siempre cuida de nosotros cuando estamos cansados y agobiados, nos acompañe en la búsqueda de Jesús.

Lectura de los padres de la Iglesia

San Ambrosio de Milán, *Si no podemos correr, ¡arrástranos!*[1]

¡Qué hermosa es el alma que no reza solo para sí, sino para todos! «Arrástranos», dice. Todos deseamos seguirte inspirados por la dulzura de tu aroma, pero como no podemos correr como tú, arrástranos de manera que, sostenidos por tu ayuda, podamos seguir tus

1. San Ambrosio de Milán, *Isaac* 10, en san Ambrosio, *Isacco o l'anima. Il bene della morte. Giacobbe e la vita beata,* C. Moreschini y R. Palla (eds.), Biblioteca Ambrosiana-Città Nuova (Sancti Ambrosii episcopi Mediolanensis opera, 3), Milán-Roma, 1982, pp. 49-51.

huellas. Si nos arrastras, podremos correr y capturar los soplos espirituales de la velocidad. En efecto, no sienten peso quienes se agarran a tu mano, a ellos unges con tu aceite, el que sanó al que fue herido por los bandidos (*cfr.* Lucas 10, 25-37).

Y para que no te parezca descarada el alma que dice «arrástranos», escucha al que dice: «Venid a mí todos los que estáis cansados y agobiados, y yo os aliviaré» (Mateo 11, 28). Nos arrastra de buen grado para que no nos quedemos atrás cuando lo seguimos.

Pero quien quiera que lo arrastren que corra para agarrarlo, que corra olvidando el pasado y prestando atención a las cosas que importan; solo así podrá agarrar a Cristo. Por eso el apóstol dice: «Corred para ganar» (1 Corintios 9, 29). El alma también desea alcanzar el premio que quiere obtener.

40

Purificar nuestro corazón

Decimoquinto domingo del tiempo ordinario (Mateo 13, 1-23)

> Les habló muchas cosas en parábolas: «Salió el sembrador a sembrar. Al sembrar, una parte cayó al borde del camino; vinieron los pájaros y se la comieron. Otra parte cayó en terreno pedregoso, donde apenas había tierra, y como la tierra no era profunda, brotó enseguida; pero en cuanto salió el sol, se abrasó y por falta de raíz se secó. Otra cayó entre abrojos, que crecieron y la ahogaron. Otra cayó en tierra buena y dio fruto: una, ciento; otra, sesenta; otra, treinta [...]».

Jesús usaba un lenguaje sencillo y también se servía de imágenes, que eran ejemplos tomados de la vida cotidiana, para que todos le comprendieran fácilmente. Por eso le escuchaban de buen grado y apreciaban su mensaje, que llegaba directo a su corazón. Con este lenguaje, Jesús conseguía que se comprendiera el misterio del reino de Dios; no era una teología complicada. Un ejemplo de ello es la parábola del sembrador de la que nos habla hoy el Evangelio.

El sembrador es Jesús. Con esta imagen, Él se presenta como alguien que no se impone, sino que se propone. No nos atrae conquistándonos, sino donándose: echa la semilla. Siembra con paciencia y generosidad su Palabra, que no es una jaula ni una trampa, sino una semilla que puede dar fruto. ¿Y cómo puede dar fruto? Si nosotros la acogemos.

La parábola, en efecto, se refiere sobre todo a nosotros, pues habla más del terreno que del sembrador. Jesús hace, por decirlo de algún modo, una *radiografía espiritual* de nuestro corazón, que es el terreno sobre el cual siembra la semilla de la Palabra. Nuestro corazón, como la tierra, puede ser bueno, y entonces la Palabra da fruto, y mucho; pero también puede ser duro, impermeable. Es lo que ocurre cuando oímos la palabra, pero nos resulta indiferente, como en una acera: no entra.

Entre la tierra fértil y la acera —si sembramos sobre adoquines, no crece nada— hay dos terrenos intermedios que podemos encontrar dentro de nosotros. El primero es el pedregoso. Un terreno pedregoso es un terreno «donde no hay mucha tierra» (cfr.

Mateo 13, 5), por lo que la semilla germina, pero no consigue echar raíces profundas. Así es el corazón superficial: acoge al Señor, quiere rezar, amar y dar testimonio, pero no persevera, se cansa y no *despega* nunca. Es un corazón sin profundidad, donde las piedras de la pereza prevalecen sobre la tierra buena, donde el amor es inconstante y pasajero. Pero quien acoge al Señor solo cuando le apetece no da fruto.

También hay otra clase de terreno, el espinoso, lleno de zarzas que asfixian a las plantas buenas. ¿Qué representan estas zarzas? «La preocupación del mundo y la seducción de la riqueza» (v. 22), dice explícitamente Jesús. Las zarzas son los vicios que se disputan el espacio con Dios, que asfixian su presencia: sobre todo los ídolos de la riqueza mundana, la avidez por el poder y por las cosas materiales, el vivir para sí mismo. Si cultivamos estas zarzas, asfixiamos el crecimiento de Dios en nosotros. Cada uno puede reconocer sus propias zarzas, grandes o pequeñas, que son los vicios que habitan en nuestro corazón, los arbustos de raíces más o menos profundas que Dios no aprueba y que impiden tener el corazón limpio. Hay que arrancarlos, o la Palabra no dará fruto, la semilla no arraigará.

Queridos hermanos y hermanas, Jesús nos invita hoy a hacer un examen de conciencia para dar las gracias por nuestro terreno bueno y seguir trabajando sobre los menos buenos. Preguntémonos si nuestro corazón está abierto a acoger con fe la semilla de la Palabra de Dios. Preguntémonos si nuestras piedras de la pereza son todavía numerosas y grandes; identifiquemos y demos un nombre a las zarzas de los vicios. Armémonos de valor para sanear nuestro terreno, nuestro corazón, ofreciendo al Señor en la confesión y en la oración nuestras piedras y nuestras zarzas. Si lo hacemos, Jesús, buen sembrador, hará con gusto un trabajo adicional: purificar nuestro corazón, quitando las piedras y espinas que asfixian la Palabra.

Que la Madre de Dios, insuperable en acoger la Palabra de Dios y en ponerla en práctica (*cfr.* Lucas 8, 21), nos ayude a purificar nuestro corazón y a custodiar en él la presencia del Señor.

Lecturas de los padres de la Iglesia

Evagrio Póntico, *Preparar el corazón para la oración*[1]

La oración sin distracción es la más alta inteligencia del intelecto. La oración es la ascensión del intelecto

1. Evagrio Póntico, *Oración* 35-44, en Evagrio Póntico, *Chapitres sur la prière,* Editions du Cerf (Sources chrétiennes, 589), París, 2017, pp. 248-258.

hacia Dios. Si deseas orar, renuncia a todo para heredarlo todo. Reza en primer lugar para ser purificado de las pasiones; en segundo lugar, para ser liberado de la ignorancia y del olvido, y, en tercer lugar, para serlo de toda tentación y abandono. En tu oración busca solamente la «justicia y el reino» (Mateo 6, 33), es decir, la virtud y la ciencia. Todo lo demás te será dado por añadidura.

Es justo rezar no solo por tu propia purificación, sino también por la del prójimo, para imitar a los ángeles. Pregúntate si cuando rezas estás verdaderamente frente a Dios o te dejas vencer por los halagos y tienes la tentación de prolongar la oración para recibirlos. Tanto si rezas con los hermanos como en soledad, esfuérzate por rezar no por costumbre, sino con sentimiento. El estado del espíritu durante la oración debe expresar reverencia, compunción y dolor del alma al confesar los pecados entre suspiros. Si tu mente se distrae durante la oración, significa que todavía no rezas como un monje, sino que tu espíritu sigue siendo mundano y superficial. Mantén a raya tu memoria mientras rezas para que no te llene con sus recuerdos, sino que te asista en el conocimiento de la presencia divina.

41

Imitemos la paciencia de Dios

Decimosexto domingo del tiempo ordinario
(Mateo 13, 24-43)

> Entonces fueron los criados a decirle al amo: «Señor, ¿no sembraste buena semilla en tu campo? ¿De dónde sale la cizaña?». Él les dijo: «Un enemigo lo ha hecho». Los criados le preguntan: «¿Quieres que vayamos a arrancarla?». Pero él les respondió: «No, que al recoger la cizaña podéis arrancar también el trigo. Dejadlos crecer juntos hasta la siega y cuando llegue la siega diré a los segadores: arrancad primero la cizaña y atadla en gavillas para quemarla, y el trigo almacenadlo en mi granero».

Entre las parábolas del Evangelio de hoy, hay una cuya interpretación no es sencilla. Se trata de la parábola del buen trigo y de la cizaña, que afronta el problema del mal en el mundo y pone de relieve la paciencia de Dios (*cfr.* Mateo 13, 24-30, 36-43). La escena tiene lugar en un campo: su dueño siembra trigo, pero una noche llega el enemigo y siembra cizaña (término que en hebreo deriva de la misma raíz del nombre *Satanás* y remite al concepto de división). Sabemos que el demonio es un cizañero, su objetivo es sembrar la discordia entre las personas, las familias, las naciones y los pueblos.

Los servidores quisieran arrancar inmediatamente la mala hierba, pero el dueño lo impide con este argumento: «No, que al recoger la cizaña podéis arrancar también el trigo» (Mateo 13, 29). En efecto, la cizaña se parece mucho al trigo y podrían confundirlo.

La enseñanza de la parábola es doble. Ante todo dice que el mal que hay en el mundo no proviene de Dios, sino de su enemigo, el Maligno. Es curioso, el Enemigo siembra la cizaña de noche, en la oscuridad, a escondidas. Actúa en ausencia de luz y es astuto, porque siembra el mal entre el bien, de modo que a los hombres les sea imposible separarlos, pero Dios, finalmente, podrá hacerlo.

Y aquí entramos en el segundo aspecto: la contraposición entre la impaciencia de los servidores y la paciente espera del dueño del campo, que representa a Dios. A veces nos precipitamos en juzgar, clasificar, poner de un lado a los buenos, y del otro a los malos. Dios, en cambio, sabe esperar. Él observa el *campo* de la vida de cada uno de nosotros con paciencia y misericordia: ve mucho mejor que nosotros la suciedad y el mal, pero ve también los brotes del bien y espera con confianza a que maduren. Dios es paciente, sabe esperar. Qué hermoso es esto: nuestro Dios es un padre paciente, que nos espera siempre, y nos espera con el corazón en la mano para acogernos, para perdonarnos. Nos perdona siempre cuando acudimos a Él.

La actitud del dueño es la actitud de la esperanza fundada en la certeza de que el mal no tiene ni la primera ni la última palabra. Y gracias a esta paciente espera de Dios, la cizaña misma, es decir, el corazón malvado cargado de pecados, al final puede convertirse en buen trigo. Pero atención: la paciencia evangélica no es indiferencia al mal, ¡el mal y el bien no pueden confundirse! Ante la cizaña presente en el mundo, el discípulo del Señor está llamado a imitar la paciencia de Dios, a alimentar la esperanza con el apoyo de una firme confianza en la victoria final del bien, es decir, de Dios. Estamos llamados a aprender los tiempos de Dios —que no son los nuestros— y la *mirada* de Dios: gracias a la influencia benéfica de una espera ansiosa, lo que era cizaña o parecía serlo puede convertirse en algo bueno. Es la realidad de la conversión. ¡Es la perspectiva de la esperanza!

Al final, en efecto, el mal será erradicado y eliminado: cuando llegue el tiempo de la cosecha, es decir, del juicio, los segadores separarán la cizaña y la quemarán (*cfr.* Mateo 13, 30). Ese día, el juez será Jesús, que ha sembrado el buen trigo en el mundo, que se ha convertido Él mismo en «grano de trigo», murió y resucitó. Al final, todos seremos juzgados con la misma medida con la cual hemos juzgado.

Pidamos a la Virgen que nos ayude a aumentar nuestra paciencia, esperanza y misericordia con todos los hermanos, pero, sobre todo, pidámosle que aprendamos a confiar en la acción de Dios que fecunda la historia.

Lecturas de los padres de la Iglesia

Tertuliano, *La oración otorga paciencia*[1]

La antigua oración libraba del fuego (*cfr.* Daniel 3, 25-50), de las bestias (*cfr.* Daniel 6, 17-25) y del ham-

1. Tertuliano, *Oración* 29, 1-2, en Tertuliano, *La preghiera,* P. A. Gramaglia (ed.), Paoline (Letture cristiane delle origini, 24), Roma, 1984, pp. 315-316.

bre (Daniel 14, 37), sin embargo, no había recibido de Cristo su contenido.

¡Cuán más eficaz es la oración cristiana! No llama al ángel del rocío entre las llamas (*cfr.* Daniel 3, 49, 92), no cierra la boca de los leones (*cfr.* Daniel 6, 22), no proporciona comida a los hambrientos (*cfr.* Daniel 14, 33) ni aleja la pasión mediante una gracia especial, sino que predispone a soportar los padecimientos a pesar de no quitar la percepción del sufrimiento e infunde valor a los creyentes para que den valor a la gracia, sean conscientes de sufrir en el nombre de Dios y sepan lo que puedan obtener del Señor.

La antigua oración provocaba plagas (*cfr.* Éxodo 7-10), dispersaba ejércitos enemigos (*cfr.* Éxodo 17, 8-15) e impedía las lluvias beneficiosas (*cfr.* Deuteronomio 11, 13-17). Ahora, en cambio, la oración de los justos aleja la ira de Dios, es benévola con los enemigos y los perseguidores (*cfr.* Mateo 5, 44).

42

El tesoro es Jesús

Decimoséptimo domingo del tiempo ordinario
(Mateo 13, 44-52)

> El reino de los cielos se parece a un tesoro escondido en el campo: el que lo encuentra, lo vuelve a esconder y, lleno de alegría, va a vender todo lo que tiene y compra el campo. El reino de los cielos se parece también a un comerciante de perlas finas, que al encontrar una de gran valor se va a vender todo lo que tiene y la compra.

Las breves semejanzas propuestas por la liturgia de hoy son la conclusión del capítulo dedicado a las parábolas del reino de Dios (Mateo 13, 44-52) del Evangelio de Mateo. Entre ellas hay dos pequeñas obras maestras: la parábola del tesoro escondido en el campo y la de la perla preciosa. Ambas nos dicen que el descubrimiento del reino de Dios puede ser repentino, como lo fue para el campesino que encontró el tesoro mientras araba el campo, o que también puede ser el resultado de una larga búsqueda, como para el mercader de perlas, que al final encontró el ejemplar que soñaba desde hacía tiempo. En ambos casos, lo fundamental es que tanto el tesoro como la perla valen más que todos los bienes que poseen, y por eso el campesino y el mercader, cuando los encuentran, renuncian a todo lo demás para poder adquirirlos. No necesitan darle muchas vueltas, pensarlo, rumiarlo: se dan cuenta inmediatamente del valor incomparable del hallazgo y están dispuestos a perderlo todo con tal de conseguirlo.

Con el reino de Dios pasa lo mismo: quien lo encuentra no titubea, sabe que es lo que buscaba y esperaba, la respuesta a sus aspiraciones más auténticas. Quien conoce a Jesús, quien se encuentra con Él personalmente, queda deslumbrado, atraído por tanta bondad, tanta verdad, tanta belleza, y todo en una gran humildad y sencillez. Buscar a Jesús, encontrar a Jesús, ¡este es el gran tesoro!

Cuántas personas, cuántos santos y santas, se quedaron tan impresionados por Jesús al leer el Evangelio que se convirtieron a Él. Pensemos en san Francisco de Asís: él ya era cristiano, pero un cristiano *al agua de rosas*, superficial. Cuando, leyó el Evangelio, en un momento crítico de su juventud, encontró a Jesús y descubrió el reino de Dios, y entonces todos sus sueños de gloria terrenal se desvanecieron. El Evangelio te permite conocer al verdadero Jesús, te hace conocer al Jesús vivo; le habla a tu corazón y te cambia la vida. Y entonces lo dejas todo. Puedes cambiar la vida que llevas o seguir haciendo lo que hacías antes, pero ya no eres el mismo: has renacido, has encontrado lo que da sentido, lo que da sabor, lo que ilumina todo, incluso el cansancio, el padecimiento y la muerte.

¡Leed el Evangelio! ¡Leed el Evangelio! Leed un pasaje cada día, y llevad un pequeño Evangelio con vosotros, en el bolsillo, en el bolso, al alcance de la mano. Y allí, leyendo un pasaje, encontraréis a Jesús. Todo adquiere sentido cuando allí, en el Evangelio, encuentras este tesoro que Jesús llama *el reino de Dios*, es decir, Dios que reina en tu vida, en nuestra vida; Dios que es amor, paz y alegría para cada uno de nosotros y para todos nosotros. Esto es lo que Dios quiere y el motivo por el que Jesús ofreció su vida hasta morir en una cruz: librarnos del poder de las tinieblas y llevarnos al reino de la vida, de la belleza, de la bondad, de la alegría. Leer el Evangelio es encontrar a Jesús y participar de esta alegría cristiana, que es un don del Espíritu Santo.

Queridos hermanos y hermanas, la alegría de haber encontrado el tesoro del reino de Dios se transparenta, se ve. El cristiano no puede ocultar su fe porque brilla en cada palabra, en cada gesto, incluso en los más sencillos y cotidianos: el amor que Dios nos ha donado a través de Jesús resplandece.

Oremos, por intercesión de la Virgen María, para que venga a nosotros y a todo el mundo su reino de amor, justicia y paz.

Lecturas de los padres de la Iglesia

San Juan Crisóstomo: *Cristo, tesoro de la vida de Pablo*[1]

Lo único que Pablo temía y rehuía era ofender a Dios, nada más. Por eso lo único que deseaba era agradar a Dios. Y cuando digo nada más, no me refiero solo a los bienes terrenales, sino también a los de la vida que vendrá. No hablo solo de posesiones, de pueblos, de reinos, de ejércitos, de honores militares o de gobierno, ya que estos tesoros valían a sus ojos menos que una tela de araña, sino también de los bienes celestia-

1. San Juan Crisóstomo, *Panegírico de san Pablo* 2, 4, en san Juan Crisostómo, *Panégyriques de S. Paul,* A. Piédagnel (ed.), Éditions du Cerf (Sources chrétiennes, 300), París, 1982, p. 148.

les: comprenderéis entonces su amor ardiente por Cristo.

En efecto, este hombre, en virtud de ese amor, no se dejó atraer ni por la dignidad de los ángeles, ni por la de los arcángeles, ni por nada parecido. El motivo es que ya poseía dentro de él el tesoro más valioso: el amor por Cristo. Gracias a ese amor se consideraba el hombre más rico del mundo. Sin ese amor, no habría deseado formar parte de los principados y potestades celestiales. Habría preferido antes encontrarse entre los más pobres y los castigados (*cfr.* 2 Corintios 6, 9) gozando de este amor que entre los más honorables y excelsos sin él.

43

Compasión, compartir, eucaristía

Decimoctavo domingo del tiempo ordinario
(Mateo 14, 13-21)

Al desembarcar vio Jesús una multitud, se compadeció de ella y curó a los enfermos. Como se hizo tarde, se acercaron los discípulos a decirle: «Estamos en despoblado y es muy tarde, despide a la multitud para que vayan a las aldeas y se compren comida». Jesús les replicó: «No hace falta que vayan, dadles vosotros de comer». Ellos le replicaron: «Si aquí no tenemos más que cinco panes y dos peces». Les dijo: «Traédmelos». Mandó a la gente que se recostara en la hierba y tomando los cinco panes y los dos peces alzó la mirada al cielo, pronunció la bendición, partió los panes y se los dio a los discípulos; los discípulos se los dieron la gente. Comieron todos y se saciaron y recogieron doce cestos llenos de sobras.

El Evangelio de este domingo nos presenta el milagro de la multiplicación de los panes y los peces. Jesús se había retirado con sus discípulos a un lugar aislado tras la muerte de Juan el Bautista. Pero muchas personas lo siguieron. Cuando Jesús las vio, se compadeció de ellas y curó a los enfermos hasta bien entrada la tarde. Los discípulos, preocupados por la hora avanzada, le sugirieron que despidiera a la multitud para que se dirigiera a las aldeas cercanas a comprar algo de comer. Pero Jesús respondió: «Dadles vosotros de comer» (Mateo 14, 16), y ordenó que le trajeran cinco panes y dos peces, los bendijo y los repartió entre los discípulos, que a su vez los distribuyeron entre la gente. Todos saciaron su hambre, ¡e incluso sobró!

Este acontecimiento nos entrega tres mensajes. El primero es la *compasión*. La multitud sigue a Jesús, «no lo deja en paz», pero Él no se irrita, no dice: «Esta gente me molesta», sino que se apiada de ellos porque sabe que no lo buscan por curiosidad, sino por necesidad. Pero, cuidado: la compasión —lo que siente Jesús— no es sencillamente sentir piedad, ¡es algo más! Significa *padecer con*, participar en el sufrimiento ajeno hasta el punto de hacerse cargo de él. Así es Jesús: sufre con nosotros, sufre por nosotros. Y la señal más evidente de esta compasión son las numerosas curaciones que hizo. Jesús nos enseña a anteponer las necesidades de los pobres a las nuestras. Nuestras necesidades, aun siendo legítimas, nunca serán tan urgentes como las de los pobres que carecen de lo necesario para vivir. Hablamos a menudo de los pobres. Pero, cuando lo hacemos, ¿somos realmente conscientes de que ese hombre, esa mujer o esos niños carecen de lo necesario para vivir? ¿Que no tienen comida, ropa o medicinas? ¿Que los niños no pueden ir a la escuela? Por eso nuestras necesidades, aun siendo legítimas, nunca serán tan urgentes como las de los pobres.

El segundo mensaje es *compartir*. Es instructivo comparar las distintas reacciones de los discípulos y de Jesús ante la gente cansada y hambrienta. Son diferentes. Los primeros piensan que es mejor despedirla para que vayan a buscar comida por su cuenta. Jesús, en cambio, les dice: «Dadles vosotros de comer» (v. 16). Dos reacciones distintas que reflejan dos lógicas opuestas: los discípulos razonan con la terrenal, según la cual cada uno debe pensar por sí mismo; razonan como si dijeran: «Apáñate solo». Jesús, en cambio, razona según la lógica de Dios, que es la de compartir. ¡Cuántas veces miramos hacia otra parte para no ver a nuestros hermanos necesitados! Y este modo de obrar es una forma educada de decir, con guante blanco, «Apáñate solo». Y esto no es propio de Jesús, es egoísmo. Si hubiese despedido a la multitud, muchas personas se habrían quedado sin comer. En cambio, esos pocos panes y peces, compartidos y bendecidos por Dios, fueron suficientes para todos. Pero ¡cuidado! No es magia, es una *señal* que invita a tener fe en Dios. Él es un Padre providente, que no nos dejará sin «nuestro pan de cada día» si sabemos compartirlo como hermanos.

El tercer mensaje es el prodigio de los panes que preanuncia la *eucaristía*. Jesús «pronunció la bendición» (v. 19) antes de partir los panes y distribuirlos entre la gente. Es el mismo gesto que hará en la última cena (*cfr.* Mateo 26, 26), cuando instituirá el memorial perpetuo de su sacrificio redentor. En la eucaristía, Jesús no nos da *un* pan, sino *el* pan de vida eterna, se dona a sí mismo. Por nuestra parte, debemos celebrar la eucaristía con los mismos sentimientos de Jesús, es decir, la compasión y la voluntad de compartir. Quien participa en ella sin sentir compasión por los necesitados y sin voluntad de compartir no está a bien con Jesús.

Compasión, compartir, eucaristía. Este es el camino que Jesús nos indica, llevándonos a afrontar con fraternidad las necesidades de este mundo, y llevándonos más allá de este mundo porque es un camino que parte de Dios y vuelve a Él.

Que la Virgen María, Madre de la divina Providencia, nos acompañe en este camino.

Lecturas de los Padres de la Iglesia

San Juan Crisóstomo, *Celebrar la eucaristía y compartir*[1]

¿Deseas honrar el cuerpo de Cristo? No lo desprecies, pues, cuando lo contemples desnudo en los pobres, no lo honres con túnicas de seda para abandonarlo después al frío y a la desnudez. El que dijo: «Este es mi cuerpo» (Mateo 26, 26) y lo confirmó con hechos, también dijo: «Tuve hambre, y no me disteis de comer [...]» (Mateo 25, 42). El cuerpo de Cristo en la eucaristía no necesita túnica, sino un alma pura; el pobre, en cambio, necesita cuidados. Aprendamos, pues, a ser sabios y a honrar a Cristo como Él desea [...].

No digo esto con el fin de prohibir estas ofrendas [votivas a la Iglesia], sino porque considero justo que junto con ellas, y antes que ellas, se dé limosna.

1. San Juan Crisóstomo, *Homilías sobre el Evangelio de Mateo* 50, 3, en san Juan Crisóstomo, *Omelie sul Vangelo di Matteo,* vol. II, S. Zincone (ed.), Città Nuova (Testi patristici, 171), Roma, 2003, pp. 358-359.

Dios acepta las ofrendas, pero prefiere la limosna [...]. ¿De qué serviría adornar la mesa de Cristo con copas de oro si el mismo Cristo se muere de hambre? Primero da de comer al hambriento y después adorna su mesa. ¿Ofreces una copa de oro y no das un vaso de agua fresca? ¿Qué ganas con eso? ¿Pones la mesa con manteles bordados de oro y no le ofreces una túnica? ¿De qué sirve?

44

En la barca de la Iglesia

Decimonoveno domingo del tiempo ordinario
(Mateo 14, 22-33)

> Los discípulos, viéndole andar sobre el agua, se asustaron y gritaron de miedo, diciendo que era un fantasma. Jesús les dijo enseguida: «¡Ánimo, soy yo, no tengáis miedo!». Pedro le contestó: «Señor, si eres tú, mándame ir a ti sobre el agua». Él le dijo: «Ven». Pedro bajó de la barca y echó a andar sobre el agua acercándose a Jesús; pero, al sentir la fuerza del viento, le entró miedo, empezó a hundirse y gritó: «Señor, sálvame». Enseguida, Jesús extendió la mano, lo agarró y le dijo: «¡Hombre de poca fe! ¿Por qué has dudado?». En cuanto subieron a la barca amainó el viento.

La página del Evangelio de hoy describe el episodio de Jesús que, tras haber rezado toda la noche a orillas del lago de Galilea, se dirige a la barca de sus discípulos caminando sobre las aguas. La barca está en medio del lago, bloqueada por un fuerte viento en contra. Cuando ven a Jesús caminando sobre las aguas, los discípulos lo confunden con un fantasma y se atemorizan. Pero él los tranquiliza: «¡Ánimo, soy yo, no tengáis miedo!» (Mateo 14, 27). Pedro, con el ímpetu que lo caracteriza, le dice: «Señor, si eres tú, mándame ir a ti sobre el agua», y Jesús lo llama: «¡Ven!» (vv. 28-29). Pedro bajó de la barca y comenzó a caminar sobre el agua hacia Jesús, pero, a causa del viento, se puso nervioso y comenzó a hundirse. Entonces grita: «¡Señor, sálvame!». Y Jesús le tendió la mano y lo agarró (vv. 30-31).

Esta narración del Evangelio contiene un rico simbolismo y nos hace reflexionar sobre nuestra fe, sea como individuos, sea como comunidad eclesial. La comunidad eclesial que formamos ¿tiene fe? ¿Cómo es la fe de cada uno de nosotros y la fe de nuestra comunidad? La barca es la vida de cada uno de nosotros, pero también es la vida de la Iglesia; el viento en contra representa las dificultades y las pruebas. La invocación de Pedro: «¡Señor, mándame ir hacia ti!» y su grito: «¡Señor, sálvame!», se parecen tanto a nuestro deseo por tener cerca al Señor, pero también al miedo y la angustia que nos asaltan en los momentos más difíciles de nuestra vida y de la de nuestra comunidad, marcada por fragilidades internas y obstáculos externos.

A Pedro, en ese momento, no le bastaba con la palabra segura de Jesús, que era como una cuerda tendida a la que sujetarse para no sucumbir a las aguas hostiles y turbulentas. Lo mismo nos puede ocurrir a nosotros cuando no nos aferramos a la palabra del Señor y, para sentirnos más seguros, incluso consultamos el horóscopo o confiamos en los adivinos. Entonces comenzamos a hundirnos. Eso quiere decir que nuestra fe no es lo bastante fuerte. El Evangelio nos recuerda que la fe en el Señor y en su palabra no nos conduce por un camino fácil y tranquilo; no nos ahorra las tempestades de la vida. La fe nos proporciona la seguridad de una presencia, la presencia de Jesús, que nos ayuda a superar las tormentas existenciales. Es la certeza de una mano que nos sujeta para ayudarnos a sobreponernos a las dificultades, indicándonos el camino cuando todo está oscuro. La fe, en resumidas cuentas, no es una escapatoria a los problemas de la vida, sino el apoyo que nos sostiene durante el camino y le da sentido.

Este episodio es una imagen magnifica de la realidad de la Iglesia de todos los tiempos: una barca que durante la travesía debe enfrentarse a vientos desfavorables y tormentas que amenazan con volcarla. Lo que la salva no es el valor o las cualidades de los hombres que la ocupan: la garantía contra el naufragio es la fe en Cristo y en su palabra. En esa barca estamos a salvo, a pesar de nuestras miserias y debilidades, sobre todo cuando nos arrodillamos y adoramos al Señor. Como los discípulos, que al final «se postraron ante él diciendo: "Realmente eres Hijo de Dios"» (v. 33). Qué hermoso es decirle eso a Jesús: «¡Realmente eres el Hijo de Dios!».

Que la Virgen María nos ayude a persistir con firmeza en nuestra fe durante las tormentas de la vida, a permanecer en la barca de la Iglesia resistiendo a la tentación de subir a barcas seductoras, pero inseguras, de las ideologías, de las modas y de las consignas vacías.

Lecturas de los padres de la Iglesia

San Ambrosio de Milán, *La barca de Pedro*[1]

La barca que lleva a Pedro no zozobra, pero sí lo hace

1. San Ambrosio de Milán, *Lucas* 4, 70-71, en san Ambrosio, *Esposizione del Vangelo secondo Luca,* G. Coppa (ed.), Biblioteca Ambrosiana-Città Nuova (Sancti Ambrosii episcopi Mediolanensis opera, 11), Milán-Roma, 1978, pp. 355-357.

la que lleva a Judas. Aunque en esa barca navegaran todas las virtudes de los apóstoles, también lo hacía la perfidia del traidor. Pedro navegaba en ambas, pero aun estando seguro de sus acciones, titubea por culpa de las de los demás. Evitemos, pues, el trato con el traidor para que muchos no vacilen por culpa de uno solo.

Pero la barca ocupada por la prudencia no zozobra, la inseguridad no tiene cabida donde hay fe. ¿Cómo iba a zozobrar si la dirigía aquel sobre el que se asienta la Iglesia? La tormenta solo estalla donde hay poca fe.

Donde hay perfecto amor, hay seguridad. Por otra parte, aunque los demás apóstoles reciben la orden de echar las redes, solo a Pedro se le dice: «Rema mar adentro» (Lucas 5, 4), es decir, guíanos en la profundidad de las disputas. ¿Hay algo más elevado que ver la profundidad de las riquezas del Hijo de Dios, conocerlo y atreverse a profesar su generación divina? Y aunque el intelecto humano no pueda comprenderla, por más que ahonde en la razón, puede abrazar la plenitud de la fe. [...]

Pedro guía a la Iglesia hacia estas profundidades teológicas para que pueda comprender, por una parte, la resurrección del Hijo, y, por otra, la efusión del Espíritu Santo.

45

El poder de la humildad

Asunción de la Santísima Virgen María
(Lucas 1, 39-56)

[María] entró en casa de Zacarías y saludó a Isabel. Aconteció que, en cuanto Isabel oyó el saludo de María, saltó la criatura en su vientre. Se llenó Isabel de Espíritu Santo y, levantando la voz, exclamó: «¡Bendita tú entre las mujeres, y bendito el fruto de tu vientre! ¿Quién soy yo para que me visite la madre de mi Señor? Pues, en cuanto tu saludo llegó a mis oídos, la criatura saltó de alegría en mi vientre. Bienaventurada la que ha creído, porque lo que le ha dicho el Señor se cumplirá». María dijo: «Proclama mi alma la grandeza del Señor [...]».

Hoy, solemnidad de la Asunción de la Santísima Virgen María, el Evangelio nos presenta a la joven de Nazaret que, tras recibir el anuncio del ángel, parte rápidamente para estar con Isabel durante los últimos meses de su prodigioso embarazo. Al llegar a su casa, María escucha de la boca de Isabel las palabras que han entrado a formar parte del avemaría: «Bendita tú entre las mujeres y bendito el fruto de tu vientre» (Lucas 1, 42). En efecto, el regalo más grande que María lleva a Isabel —y al mundo entero— es Jesús, que ya vive en ella; y no solo vive en la fe y la espera, como muchas mujeres del Antiguo Testamento: Jesús tomó carne humana, para su misión de salvación.

En la casa de Isabel y de su marido Zacarías, donde antes reinaba la tristeza por la ausencia de hijos, reina ahora la alegría por la llegada de un niño. Un niño que se convertirá en el gran Juan el Bautista, precursor del Mesías. Y cuando llega María, sus corazones rebosan de alegría, porque la presencia invisible pero real de Jesús da sentido a todo: a la vida, a la familia, a la salvación del pueblo... ¡A todo! Esta alegría plena se expresa a través de la voz de María en la oración maravillosa que toma el nombre de *Magnificat* por su primera palabra en latín. Es un canto de alabanza a Dios, que hace grandes obras por medio de las personas humildes y desconocidas como María, su esposo José y el lugar en que viven, Nazaret. Grandes obras ha hecho Dios a través de las personas humildes. Grandes obras que el Señor continúa haciendo con los humildes, porque la humildad es como un vacío que deja lugar a Dios. El humilde es poderoso porque es humilde, no porque es fuerte. Esta es la grandeza del humilde y de la humildad. Quisiera preguntaros algo que yo también me pregunto: «¿Yo soy humilde?».

El *Magnificat* canta al Dios misericordioso y fiel, que cumple su designio de salvación con los humildes y los pobres, con los que tienen fe en Él y confían en su palabra, como María. De ahí la exclamación de Isabel: «Bienaventurada la que ha creído» (Lucas 1, 45). En esa casa, la llegada de Jesús por medio de María no solo trajo un clima de alegría y de comunión fraterna, sino también de fe que conduce a la esperanza, a la oración, a la alabanza.

Nos gustaría que todo esto sucediera hoy también en nuestras casas. Celebrando la asunción de María Santísima al cielo quisiéramos que —una vez más—, ella trajera a nuestras familias, a nuestras comunidades, ese don inmenso, esa gracia única que siempre hay que pedir por encima de cualquier otra gracia que deseemos: ¡la gracia que es Jesucristo!

Al traer a Jesús, también nos trae una alegría nueva, llena de significado: la capacidad de sobrellevar, gracias a la fe, los momentos más dolorosos y difíciles; la capacidad de la misericordia, para perdonar, comprender y apoyarnos los unos a los otros.

María es un modelo de virtud y de fe. Al contemplarla hoy en el cielo, en el cumplimiento final de su vida terrenal, le damos gracias porque siempre nos precede en el peregrinaje de la vida y de la fe: es la primera discípula. Y le pedimos que nos guarde y nos sostenga, que nos ayude a tener una fe firme, alegre y misericordiosa, que nos ayude a ser santos, para que podamos encontrarnos algún día con ella en el paraíso.

Lecturas de los padres de la Iglesia
San Ambrosio de Milán, *La humildad de María*[1]

María dice: «He aquí la esclava del Señor; hágase en mí según tu palabra» (Lucas 1, 38). ¡Qué humildad! ¡Qué devoción! Es la elegida para ser madre del Señor y se profesa su esclava, no se exalta por la promesa inesperada. Llamándose a sí misma *esclava* no se atri-

1. San Ambrosio de Milán, *Lucas* 2, 14-17, en san Ambrosio, *Esposizione del Vangelo secondo Luca,* G. Coppa (ed.), Biblioteca Ambrosiana-Città Nuova (Sancti Ambrosii episcopi Mediolanensis opera, 11), Milán-Roma, 1978 pp. 161-163.

buye privilegio alguno, a pesar de que deriva de un don semejante, y declara sencillamente que quiere obedecer cuanto se le impone; y como debía dar a luz al que es apacible y humilde, ella también tuvo que probar su humildad. «He aquí la esclava del Señor; hágase en mí según tu palabra». He aquí su obediencia, he aquí su deseo; de hecho, las palabras «He aquí la esclava del Señor» significan que está dispuesta a servir, y «hágase en mí según tu palabra» expresa que su deseo se ha cumplido.

¡Con que rapidez creyó María, aun hallándose en una situación tan excepcional! [...] No sorprende que el Señor, teniendo que redimir al mundo, empiece su obra por María: si mediante ella debe salvarse a la humanidad, debe ser la primera en recibir del Hijo el fruto de la salvación.

46

El valor de la oración

Vigésimo domingo del tiempo ordinario
(Mateo 15, 21-28)

> Ella [una mujer cananea] se acercó y se postró ante él diciendo: «Señor, ayúdame». Él le contestó: «No está bien tomar el pan de los hijos y echárselo a los perritos». Pero ella repuso: «Tienes razón, Señor; pero también los perritos se comen las migajas que caen de la mesa de los amos». Jesús le respondió: «Mujer, qué grande es tu fe.: que se cumpla lo que deseas». En aquel momento quedó curada su hija.

El Evangelio de hoy nos presenta un ejemplo de fe extraordinaria, la de una mujer cananea, una extranjera para los judíos, durante un encuentro con Jesús. La escena se desarrolla cuando Él va de camino hacia las ciudades de Tiro y Sidón, en el noroeste de Galilea: allí, la mujer implora a Jesús que cure a su hija que, como dice el Evangelio, «tiene un demonio muy malo» (Mateo 15, 22). El Señor, en un primer momento, parece desoír su grito de dolor, hasta tal punto que los discípulos interceden por ella. El aparente distanciamiento de Jesús no desanima a esta madre, que insiste en pedir ayuda.

La fuerza interior de esta mujer, que le permite superar todo obstáculo, nace de su amor maternal y de la fe que tiene en Jesús. Este pasaje me hace pensar en la fuerza de las mujeres, que, gracias a su fortaleza, son capaces de obtener grandes cosas. ¡Hemos conocido a muchas! Se puede afirmar que el amor mueve su fe y que la fe se convierte en el premio de su amor. El intenso amor por su hija la impulsa a gritar: «Ten compasión de mí, Señor Hijo de David» (v. 22). Y la perseverancia en la fe que tiene en Jesús le permite no desanimarse ni siquiera ante su rechazo inicial: la mujer «se postró ante él diciendo: "Señor, ayúdame"» (v. 25).

Al final, ante tanta perseverancia, Jesús se queda admirado, casi sorprendido, por la fe de una mujer pagana. Y accede diciendo: «Mujer, qué grande es tu fe: que se cumpla lo que deseas» y «En aquel momento quedó curada su hija» (v. 28). Jesús indica a esta mujer humilde como ejemplo de fe inquebrantable. Su insistencia al invocar la ayuda de Cristo es un estímulo para que no caigamos en el desánimo y no nos desesperemos cuando nos sentimos abrumados por las duras pruebas de la vida. El Señor no mira hacia otro lado ante nuestras necesidades, y si a veces puede parecer insensible a nuestro grito de socorro es porque nos pone a prueba para fortalecer nuestra fe. Debemos seguir gritando como esta mujer: «¡Señor, ayúdame! ¡Señor, ayúdame!». Así, con perseverancia y valor. Es el valor que se necesita para rezar.

Este episodio evangélico nos ayuda a entender que todos necesitamos crecer en la fe y fortalecer nuestra confianza en Jesús. Él puede ayudarnos a encontrar el camino cuando perdemos la brújula; cuando el camino deja de ser llano y se vuelve áspero y arduo; cuando cuesta ser fieles a nuestros compromisos. Es importante alimentar cada día nuestra fe, con la escucha atenta de la palabra de Dios, con la celebración de los sacramentos, con la oración personal como *grito* dirigido a Él —«¡Ayúdame, Señor!»—, y mediante obras concretas de caridad hacia el prójimo.

Encomendémonos al Espíritu Santo para que Él nos ayude a perseverar en la fe. El Espíritu infunde audacia en el corazón de los creyentes; da a nuestra vida y a nuestro testimonio cristiano la fuerza del convencimiento y de la persuasión; nos anima a vencer la incredulidad hacia Dios y la indiferencia hacia los hermanos.

Que la Virgen María nos haga cada vez más conscientes de la necesidad del Señor y de su Espíritu; que nos consiga una fe fuerte, llena de amor, y un amor que sepa hacerse súplica, súplica valiente a Dios.

Lectura de los padres de la Iglesia

San Basilio Magno, *El valor que nos concede el Espíritu Santo*[1]

El Señor, preparándonos para la vida que nace de la redención, propone que nos comportemos según el Evangelio y nos encomienda que no nos encolericemos, que seamos indulgentes, que evitemos aficionarnos al placer y tengamos desapego al dinero, de modo que permanezcamos puros para poder elegir libremente el camino correcto, comprometiéndonos desde ahora mismo, de manera espontánea y natural, con la vida eterna. [...]

Es obra del Espíritu Santo guiarnos en la vuelta al paraíso, la ascensión al reino de los cielos, el reco-

1. San Basilio Magno, *Espíritu Santo* 15, 35-36, en san Basilio Magno, *Lo Spirito Santo,* G. Azzali Bernardelli (ed.), Città Nuova (Testi patristici, 106), Roma, 1993, pp. 136-137.

nocimiento de Dios como nuestro Padre, la comunión con la gracia de Cristo, llamarse hijo de la luz, participar en la gloria eterna y, en resumidas cuentas, vivir en la plenitud de la bendición durante esta vida y en la futura, contemplando como en un espejo el don de los bienes prometidos, en cuyo disfrute confiamos gracias a la fe, y de los que nos han sido otorgados.

47

Un corazón firme como una roca

Vigesimoprimer domingo del tiempo ordinario
(Mateo 16, 13-20)

> Él les preguntó: «Y, vosotros, ¿quién decís que soy yo?». Simón Pedro tomó la palabra y dijo: «Tú eres el Mesías, el Hijo del Dios vivo». Jesús le respondió: «¡Bienaventurado tú, Simón, hijo de Jonás!, porque eso no te lo ha revelado ni la carne ni la sangre, sino mi Padre que está en los cielos. Ahora yo te digo: tú eres Pedro, y sobre esta piedra edificaré mi Iglesia, y el poder del infierno no la derrotará [...]».

El Evangelio de este domingo es el célebre pasaje, centrado en el relato de Mateo, en el que Simón, en nombre de los doce apóstoles, profesa su fe en Jesús como «el Mesías, el Hijo del Dios vivo» (Mateo 16, 16). Jesús llama *bienaventurado* a Simón por su fe, reconociendo en ella un don especial del Padre, y le dice: «Tú eres Pedro, y sobre esta piedra edificaré mi Iglesia» (v. 18).

Fijémonos en este detalle, en el hecho de que Jesús dé a Simón este nuevo nombre, Pedro, que en la lengua de Jesús se pronuncia «kefa», que significa 'roca'. En la Biblia, este término, *roca*, se refiere a Dios[1] y Jesús lo aplica a Simón no por sus cualidades o sus méritos humanos, sino por su fe genuina y firme, que recibe de Dios.

Jesús siente una gran alegría en su corazón, porque reconoce en Simón la mano del Padre, la acción del Espíritu Santo. Reconoce que Dios Padre ha dado a Simón una fe *fiable*, sobre la cual Él, Jesús, podrá construir su Iglesia, es decir, su comunidad, con todos nosotros. Jesús tiene el propósito de dar vida a *su* Iglesia, un pueblo que se funda no en la descendencia, sino en la fe, es decir, en la relación con Él mismo, una relación de amor y confianza. Nuestra relación con Jesús es el cimiento de la Iglesia. Por eso, para empezar a construirla, Jesús necesita que sus discípulos tengan una fe sólida, una fe *fiable.* Esto es lo que quiere comprobar en este punto del camino.

El Señor tiene en la mente la imagen de construir

1. *Cfr.*, por ejemplo: Deuteronomio 32, 4; 2 Samuel 22, 2; Salmos 18, 3; 19, 15; 28, 1; 42, 10; 62, 3, 7; 144, 1 *(N. del E.).*

la comunidad como un edificio. Por eso, cuando escucha la sencilla profesión de fe de Simón, lo llama *roca* y expresa la intención de construir su Iglesia sobre esta fe.

La vivencia única de san Pedro es la que vive todo cristiano que madura una fe sincera en Jesucristo, el Hijo del Dios vivo. El Evangelio de hoy se dirige a todos y cada uno de nosotros. ¿Cómo va nuestra fe? ¿En qué estado encuentra el Señor nuestros corazones? ¿Son corazones firmes como una roca o arenosos, es decir, dudosos, desconfiados e incrédulos? Sería positivo que hoy reflexionáramos sobre esto. Si el Señor encuentra en nuestro corazón una fe, no digo perfecta, pero sincera y genuina, también verá en nosotros piedras vivas con las que construir su comunidad. De esta comunidad, la piedra fundamental es Cristo, piedra angular y única. Por su parte, Pedro es piedra, en cuanto base visible de la unidad de la Iglesia, pero todos los bautizados están llamados a ofrecer a Jesús su propia fe, pobre pero sincera, para que Él pueda seguir construyendo su Iglesia, hoy, en todo el mundo.

En la actualidad hay mucha gente que piensa que Jesús es un gran profeta, un maestro de sabiduría, un modelo de justicia... Y Jesús sigue preguntando a sus discípulos, es decir, a todos nosotros: «Y vosotros,

¿quién decís que soy yo?». ¿Qué le responderemos? Pensemos en ello. Pero, sobre todo, recemos a Dios Padre, por intercesión de la Virgen María; pidámosle que nos conceda la gracia de responder con sinceridad: «Tú eres el Mesías, el Hijo del Dios vivo». Esta es una confesión de fe, este es precisamente el *credo*.

Encomendémonos a la Virgen María, Madre de la Iglesia. Ella estaba en el cenáculo, junto a Pedro, cuando el Espíritu Santo descendió sobre los apóstoles y los animó a salir, para anunciar a todo el mundo que Jesús es el Señor. Que nuestra Madre nos sostenga, nos acompañe e interceda por nosotros para que podamos realizar plenamente la unidad y la comunión que Cristo y sus apóstoles ansiaron y por la que dieron la vida.

Lecturas de los padres de la Iglesia

San Ambrosio de Milán, *Esfuérzate por ser tú también una piedra*[2]

Cristo es la piedra —en efecto, «todos bebieron la

2. San Ambrosio de Milán, *Lucas* 6, 97-98, en san Ambrosio, *Esposizione del Vangelo secondo Luca,* G. Coppa (ed.), Biblioteca Ambrosiana-Città Nuova (Sancti Ambrosii episcopi Mediolanensis opera, 12), Milán-Roma, 1978, p. 83.

misma bebida espiritual, pues bebían de la roca espiritual que los seguía» (1 Cor 10, 4)—, pero Él no negó a su discípulo este hermoso nombre, de manera que él también es Pedro, y de la piedra posee la firmeza de la perseverancia y la fe inquebrantable.

Esfuérzate por ser tú también una piedra, pero no la busques fuera, sino dentro de ti. Tu piedra son tus acciones, tu pensamiento. Sobre esta piedra se edifica tu casa para que no se tambalee bajo el temporal de los espíritus del mal. Tu piedra es tu fe y la fe es el fundamento de la Iglesia. Si eres como una piedra, estrás dentro de la Iglesia, porque la Iglesia está edificada sobre la piedra. Si estás dentro de la Iglesia, las puertas del Hades no se abrirán para ti. Las puertas del Hades son las puertas de la muerte, pero las puertas de la muerte no pueden ser las puertas de la Iglesia.

48

No hay amor verdadero sin sacrificio

Vigesimosegundo domingo del tiempo ordinario
(Mateo 16, 21-27)

> Desde entonces comenzó Jesús a manifestar a sus discípulos que tenía que ir a Jerusalén y padecer allí mucho por parte de los ancianos, sumos sacerdotes y escribas, y que tenía que ser ejecutado y resucitar al tercer día. Pedro se lo llevó aparte y se puso a increparlo: «¡Lejos de ti tal cosa, Señor! Eso no puede pasarte». Jesús se volvió y dijo a Pedro: «¡Ponte detrás de mí, Satanás! Eres para mí piedra de tropiezo, porque tú piensas como los hombres, no como Dios».

El pasaje evangélico de hoy es la continuación de aquel del domingo pasado cuyo tema era la profesión de fe de Pedro, roca sobre la que Jesús quiere construir su Iglesia. En el de hoy, que contrasta llamativamente con el primero, Mateo nos muestra la reacción de Pedro cuando Jesús revela a sus discípulos que en Jerusalén sufrirá, será ejecutado y resucitará (cfr. Mateo 16, 21). Pedro se aparta con el Maestro y le dice que eso no puede pasarle a Él, a Cristo. Pero Jesús le reprende con dureza: «¡Ponte detrás de mí, Satanás! Eres para mí piedra de tropiezo, ¡porque tú piensas como los hombres, no como Dios!» (v. 23). Un momento antes, el apóstol había sido bendecido por el Padre, pues había recibido de Él la revelación, era una «piedra» sólida para que Jesús pudiera construir sobre ella su comunidad, e inmediatamente después se convierte en un obstáculo: en una piedra no para construir, sino en piedra de tropiezo en el camino del Mesías. ¡Jesús sabe muy bien que Pedro y los demás discípulos todavía tienen mucho que aprender para convertirse en sus apóstoles!

Llegados a ese punto, el Maestro se dirige a todos los que lo siguen y les expone con claridad el camino que deben seguir: «Si alguno quiere venir en pos de mí, que se niegue a sí mismo, tome su cruz y me siga» (v. 24). La tentación de entonces es la misma que tenemos ahora: seguir a un Cristo sin cruz; es más, pretender mostrar a Dios el camino correcto, como hizo Pedro: «¡Lejos de ti tal cosa, Señor! Eso no puede pasarte». Pero Jesús nos recuerda que su camino es el camino del amor y que no hay amor verdadero sin sacrificio. Los cristianos estamos llamados a no juzgar según la perspectiva de este mundo, sino a tomar conciencia de que es necesario esforzarse para caminar a contracorriente y cuesta arriba.

Jesús añade unas palabras que expresan una gran sabiduría que sigue vigente porque desafían la mentalidad y el comportamiento egocéntrico: «Porque quien quiera salvar su vida, la perderá; pero el que la pierda por mí, la encontrará» (v. 25). Esta paradoja contiene la regla de oro que Dios ha grabado en la naturaleza humana creada en Cristo: la regla de que solo el amor da sentido y plenitud a la vida. Emplear los talentos, el tiempo y la energía para cuidar, salvaguardar y ocuparse de uno mismo solo conduce a perderse, es decir, a una existencia triste y estéril. En cambio, vivir para el Señor y asentar los cimientos de nuestra vida sobre el amor, como hizo Jesús, proporciona una alegría auténtica y que vuelve fecunda nuestra vida.

Con la celebración de la Eucaristía revivimos el misterio de la cruz. En ella no solo recordamos, sino que cumplimos el memorial del sacrificio redentor en el que el Hijo de Dios se niega a sí mismo para que el Padre lo reciba y para encontrarnos a nosotros, que estábamos perdidos junto con todas las criaturas. Cada vez que participamos en la santa misa, el amor de Cristo crucificado y resucitado se nos ofrece como alimento y bebida para que podamos seguirlo en el camino cotidiano del servicio a nuestros hermanos.

Que María Santísima, que siguió a Jesús hasta el Calvario, nos acompañe también a nosotros y nos ayude a no tener miedo de la cruz con Jesús crucificado, no una cruz sin Jesús. Que nos ayude a no temer la cruz con Jesús, que es la cruz del sufrimiento por amor a Dios y a los hermanos, porque este sufrimiento, por la gracia de Cristo, es fruto de la resurrección.

Lecturas de los padres de la Iglesia

San Agustín, *El verdadero sacrificio*[1]

> El verdadero sacrificio es toda obra que hacemos para unirnos a Dios en santa comunión, es decir, cuya finalidad sea el bien que puede hacernos realmente felices. Por lo tanto, las obras de misericordia hacia nuestro prójimo no son sacrificio si no se hacen pensando en Dios. Pues aunque sea hecho u ofrecido por el hombre, el sacrificio es una obra divina; tanto es así

1. San Agustín, *Ciudad* 10, 6, en san Agustín, *La città di Dio I [I-X]*, A. Trapé, R. Russel, S. Cotta y D. Gentili (eds.), Città Nuova (Nuova Biblioteca Agostiniana, 5/1), Roma, 1978, pp. 695-697.

que hasta los antiguos latinos le dieron este nombre. Así pues, el hombre mismo, consagrado y ofrecido en nombre de Dios, en cuanto muere para el mundo para vivir en Dios es un sacrificio.

[...] Los verdaderos sacrificios son las obras de misericordia ofrecidas a Dios tanto para con nosotros mismos como para con el prójimo. Las obras de misericordia tienen la finalidad de librarnos de la miseria y hacernos felices, y eso solo se justifica con el bien del que está escrito: «Mi bien es estar cerca de Dios» (Salmos 73, 28). [...] El apóstol nos exhorta a presentar nuestro cuerpo como ofrenda viva, santa y que complace a Dios, como nuestra ofrenda auténtica, y a no conformarnos con este mundo pasajero, sino a transformar nuestra conciencia para comprender que la voluntad de Dios es la obra buena, perfecta y que le complace. [...] Este es el sacrificio de los cristianos: muchos y «un solo cuerpo» (1 Corintios 12, 13) en Cristo. La Iglesia celebra este misterio con el sacramento del altar, conocido por los fieles, porque gracias a él se le revela que ella misma es ofrecida en lo que ofrece.

49

La corrección fraternal

Vigesimotercer domingo del tiempo ordinario
(Mateo 18, 15-20)

> Si tu hermano peca contra ti, repréndelo estando los dos a solas. Si te hace caso, has salvado a tu hermano. Si no te hace caso, llama a otro o a otros dos, para que todo el asunto quede confirmado por boca de dos o tres testigos. Si no les hace caso, díselo a la comunidad, y si no hace caso ni siquiera a la comunidad, considéralo como un pagano o un publicano.

El Evangelio de este domingo propone el tema de la corrección fraternal en la comunidad de los creyentes, esto es, ¿cómo debo corregir a otro cristiano cuando hace algo reprobable? Jesús nos enseña que si mi hermano comete una falta contra de mí y me ofende, debo ser benevolente. En primer lugar, debo intentar hablarle personalmente para explicarle que lo que dijo o hizo no está bien. Pero ¿y si el hermano no me escucha? Jesús sugiere actuar progresivamente: primero, vuelve a hablar con él en presencia de otras dos o tres personas para que se dé cuenta de que cometió un error; si se niega a reconocerlo, debemos involucrar a la comunidad; y si ni siquiera escucha a la comunidad, hay que hacerle notar que la ruptura que está provocando perjudica a la comunión con los hermanos de fe.

Las etapas de este itinerario indican el esfuerzo que el Señor pide a su comunidad para sostener al que se equivoca con el fin de que no se aleje. Ante todo, hay que evitar el escándalo y el chismorreo —«repréndelo estando los dos a solas» (Mateo 18, 15)—. Hay que actuar con delicadeza, prudencia, humildad, y atención respecto a quien ha cometido una falta, evitando que las palabras puedan herir o matar al hermano. Porque ¡las palabras pueden matar! ¡Hablar mal de alguien o criticarlo injustamente es matar su buena fama! Asimismo, la discreción de hablarle en privado tiene como finalidad no mortificar inútilmente al pecador. Es una conversación privada entre dos personas que no tiene más consecuencias.

Esta actitud reservada también explica los pasos siguientes, que prevén la participación de algunos testigos y, en último lugar, de la comunidad. El objetivo es ayudar al ofensor a darse cuenta de lo que ha hecho y a comprender que su culpa ofendió no solo a uno, sino a todos los miembros de la comunidad. Al mismo tiempo, ayuda al ofendido a liberarse del resentimiento y la rabia, sentimientos dañinos que tiñen de amargura el corazón y empujan a insultar o agredir. Es muy feo ver a un cristiano insultando o agrediendo al prójimo. Es feo. ¿Entendido? ¡Nada de insultos! Insultar no es propio de un cristiano.

En realidad, todos somos pecadores ante Dios; todos necesitamos que nos perdonen. Jesús, en efecto, dijo que no debíamos juzgar. Corregir a un hermano es un aspecto del amor y de la comunión que deben reinar en la comunidad cristiana, es un servicio mutuo que podemos y debemos prestarnos los unos a los otros. Corregir al hermano es un servicio que solo tiene eficacia si todos reconocemos que somos pecadores y que necesitamos el perdón del Señor. La misma conciencia que nos hace reconocer el error en el prójimo debe hacernos reconocer los nuestros. Yo soy el primero en equivocarme. Me he equivocado y me equivoco muchas veces.

Por eso, al principio de la misa, se nos invita a reconocer ante el Señor que somos pecadores y a expresar con gestos y palabras nuestro sincero arrepentimiento. Decimos: «Ten piedad de mí, Señor. ¡Soy un pecador! Confieso, Dios omnipotente, mis pecados»; en vez de decir: «Señor, ten piedad de este que está a mi lado, o de esta, que son pecadores». Todos somos pecadores y todos necesitamos el perdón del Señor. Es el Espíritu Santo el que habla a nuestro espíritu y nos hace reconocer nuestras culpas a la luz de la palabra de Jesús. Y es Jesús mismo quien nos invita a todos, santos y pecadores, a su mesa y nos recoge en los cruces de los caminos y en las encrucijadas de la vida (*cfr.* Mateo 22, 9-10). Debemos tener presentes estos consejos antes de dirigirnos a un hermano con la intención de corregirlo.

Lecturas de los padres de la Iglesia

San Agustín, *La caridad es ferviente al corregir*[1]

Si queréis guardar en el corazón la caridad, hermanos, en primer lugar no penséis que es desalentadora y aburrida; no penséis que se mantiene por mansedum-

1. San Agustín, *Comentario a la primera carta de san Juan* 7, 11, en san Agustín, *Commento al Vangelo di S. Giovanni [51-124] e alla prima epistola di san Giovanni*, A. Vita, E. Gandolfo, V. Tarulli y F. Monteverde (eds.), Città Nuova (Nuova Biblioteca Agostiniana, 24/2), Roma, 1968, pp. 1785-1787.

bre, sumisión o negligencia. No es así como se mantiene. No creas, pues, que amas a tu criado porque no le pegas o a tu hijo porque no lo castigas o a tu vecino porque no lo reprendes: eso no es caridad, sino dejadez. Caridad es corregir y reprender con fervor; si las costumbres son buenas, alégrate; si son malas, hay que enmendarlas y corregirlas. No se debe amar la falta en el hombre, sino al hombre mismo, pues Dios creó al hombre, y el hombre, la falta. Ama lo que hizo Dios, no ames lo que hizo el hombre. Amar al hombre significa corregir su falta; cuando lo amas, lo corriges. Y si a veces te muestras duro, que sea por el deseo de corregir. Por eso el símbolo de la caridad es la paloma que descendió sobre el Señor (*cfr.* Mateo 3, 16). Esa forma de paloma que asumió el Espíritu Santo para infundir en nosotros la caridad. [...]

Eso mismo hace un padre: cuando castiga al hijo, lo castiga para corregirlo. Como dije, el comerciante, para vender, se muestra afable, pero es duro de corazón; el padre, para corregir, castiga, pero con benevolencia. Comportaos así con todos.

50

Una misericordia sin límites

Vigesimocuarto domingo del tiempo ordinario
(Mateo 18, 21-35)

> Acercándose Pedro a Jesús le preguntó: «Señor, si mi hermano me ofende, ¿cuántas veces tengo que perdonarlo? ¿Hasta siete veces?». Jesús le respondió: «No te digo hasta siete veces, sino hasta setenta veces siete».

El pasaje evangélico de este domingo nos ofrece una enseñanza sobre el perdón que no niega la ofensa sufrida, pero reconoce que el ser humano, creado a imagen y semejanza de Dios, es más grande que el mal que comete. San Pedro pregunta a Jesús: «Señor, si mi hermano me ofende, ¿cuántas veces tengo que perdonarlo? ¿Hasta siete veces?» (Mateo 18, 21). A Pedro le parece una enormidad perdonar siete veces a la misma persona, y quizá a nosotros ya nos lo parezca perdonar dos veces. Pero Jesús responde: «No te digo hasta siete veces, sino hasta setenta veces siete» (v. 22), es decir, siempre. Se ha de perdonar siempre. Y lo corrobora contando la parábola del rey misericordioso y del criado despiadado que muestra la incoherencia del que fue perdonado y se niega a perdonar.

El rey de la parábola es un hombre generoso que se compadece de su criado y le perdona una deuda enorme, diez mil talentos. Ese mismo hombre tiene a su vez un deudor, un criado como él, que le debe cien dinares —es decir, mucho menos—, con el que se comporta de un modo despiadado, haciendo que lo encierren en la cárcel. Su comportamiento incoherente es como el nuestro cuando negamos el perdón a nuestros hermanos, mientras que el rey de la parábola representa a Dios, que nos ama con tanta misericordia que nos acepta y nos perdona una y otra vez.

Dios nos perdona desde nuestro bautismo una deuda que nunca podremos pagar: el pecado original. Ese es su primer perdón. Después, con una misericordia sin límites, nos perdona todos los pecados en cuanto mostramos una pequeña señal de arrepentimiento. Dios es así de misericordioso. Cuando tengamos la tentación de cerrar nuestro corazón a quien nos ha ofendido y nos pide perdón, recordemos las palabras que el Padre celestial le dirige al criado despiadado: «¡Siervo malvado! Toda aquella deuda te la perdoné porque me lo rogaste. ¿No debías tú también tener compasión de tu compañero, como yo tuve compasión de ti?» (vv. 32-33). Quienquiera que haya sentido la alegría, la paz y la libertad interior de ser perdonado puede abrirse a la posibilidad de perdonar.

Jesús ha querido recoger en el padrenuestro la misma enseñanza de esta parábola. Ha puesto en relación directa el perdón que pedimos a Dios con el perdón que debemos conceder a nuestros hermanos: «Perdona nuestras ofensas, como también nosotros perdonamos a los que nos ofenden» (Mateo 6, 12). El perdón de Dios es la señal del amor desbordante que siente por cada uno de nosotros, es un amor que nos deja libres de alejarnos, como el hijo pródigo, pero que espera cada día nuestro retorno; es el amor decidido del pastor por la oveja perdida; es la ternura que acoge a cada pecador que llama a su puerta. El Padre celestial —nuestro Padre— está lleno de amor y quiere ofrecérnoslo, pero no puede hacerlo si cerramos nuestro corazón al amor por los demás.

Que la Virgen María nos ayude a tomar conciencia de la gratuidad y de la grandeza del perdón que recibimos de Dios para que seamos misericordiosos como Él, Padre bueno, benévolo y amoroso.

LECTURAS DE LOS PADRES DE LA IGLESIA
San Policarpo de Esmirna, *El perdón del hermano*[1]

> También los presbíteros deben ser misericordiosos y compasivos con todos y devolver al buen camino a los descarriados, visitar a los enfermos y no descuidar a las viudas, los huérfanos y los pobres; deben preocuparse por obrar correctamente ante Dios y ante los hombres; sofocar la ira; evitar los favoritismos, juzgar injusta o severamente, la codicia y dar crédito a los rumores, conscientes de que todos somos pecadores.
>
> Si pedimos al Señor que nos perdone, también debemos perdonar, pues a los ojos del Señor y de Dios todos deberemos comparecer ante el tribunal de Cristo y dar cuenta de nuestros actos. Sirvámosle, pues, con temor y reverencia como nos indicaron Él mismo, los apóstoles que predicaron el Evangelio y

1. San Policarpo de Esmirna, Epístola 6, 1-3, en *Seguendo Gesù. Testi cristiani delle origini*, vol. II, E. Prinzivalli y M. Simonetti (eds.), Fondazione Lorenzo Valla-Mondadori, Milán, 2015, p. 41.

los profetas que anunciaron la venida de nuestro Señor. Hagamos el bien con fervor, evitemos el escándalo, a los falsos hermanos y a los que pronuncian el nombre del Señor hipócritamente y engañan a los hombres sin valor.

51

Dios no excluye a nadie

Vigesimoquinto domingo del tiempo ordinario
(Mateo 20, 1-16)

> El [dueño] replicó a uno de ellos: «Amigo, no te hago ninguna injusticia. ¿No nos ajustamos en un denario? Toma lo tuyo y vete. Quiero darle a este último igual que a ti. ¿Es que no tengo libertad para hacer lo que quiera en mis asuntos? ¿O vas a tener tú envidia porque yo soy bueno?». Así, los últimos serán primeros y los primeros, últimos.

El Evangelio de hoy nos presenta la parábola de los jornaleros. Jesús la cuenta para hablar de dos aspectos del reino de Dios: el primero, que Dios quiere llamar a todos a trabajar en su reino; el segundo, que al final quiere dar a todos la misma recompensa, es decir, la salvación de la vida eterna.

El dueño de un viñedo, que representa a Dios,

sale al amanecer para contratar a un grupo de jornaleros y pacta con ellos el salario de un denario para toda la jornada; era un salario justo. Durante el día sale varias veces —cinco en concreto—, hasta bien entrada la tarde, y contrata a más jornaleros sin trabajo. Al finalizar la jornada, el dueño ordena entregar a todos un denario a pesar de que algunos solo han trabajado unas pocas horas. Como era de esperar, los jornaleros que han trabajado todo el día se quejan de cobrar lo mismo que los que han trabajado menos. Pero el jefe les recuerda que les da lo que habían pactado y que no deberían sentir envidia de que quiera ser generoso con los demás.

En realidad, Jesús no quiere hablar del trabajo o del salario justo —la *injusticia* del dueño es un pretexto para que quien escucha la parábola dé un salto de nivel—, sino del reino de Dios. El mensaje de la parábola es el siguiente: en el reino de Dios no se excluye a nadie, todos están llamados a participar, y la justicia divina —no la humana, ¡por suerte!— recompensará a todos, es decir, todos obtendrán la salvación que Jesucristo obtuvo para nosotros con su muerte y resurrección. Una salvación que no merecemos, un don —la salvación es gratuita— en cuya virtud «los últimos serán los primeros y los primeros, los últimos» (Mateo 20, 16).

Con esta parábola, Jesús quiere abrir nuestros corazones a la lógica del amor del Padre, que es gratuito y generoso. Se trata de dejarse asombrar y capturar por los «pensamientos» y por los «caminos» de Dios que —como recuerda el profeta Isaías— no son nuestros pensamientos y no son nuestros caminos (*cfr.* Isaías 55, 8). Los pensamientos humanos suelen estar dictados por el egoísmo y el interés, y nuestros angostos y tortuosos senderos no son comparables con los anchos y rectos caminos del Señor. El Señor es misericordioso —no lo olvidemos—, perdona generosamente y dispensa su bondad sobre todos nosotros, abre a todos los extensos territorios de su amor y de su gracia inconmensurables, que son los únicos que pueden dar la plenitud de la alegría al corazón humano.

Jesús quiere que veamos la parábola desde el punto de vista del dueño, que mira con atención y benevolencia a los jornaleros sin trabajo; los llama a trabajar en su viña, los invita a ponerse de pie, en marcha, porque Él quiere que todos disfrutemos de una vida plena y fructífera, a salvo del vacío y de la inercia. Dios no excluye a nadie y quiere que todos alcancen la plenitud. Así es el amor de nuestro Dios, de nuestro Dios que es el Padre.

Que María Santísima nos ayude a acoger en

nuestras vidas la lógica del amor que nos protege de la presunción de creernos merecedores de la recompensa de Dios y de juzgar severamente a los demás.

Lecturas de los padres de la Iglesia

San Gregorio Magno, *No os quedéis para vosotros los dones recibidos*[1]

Buena es la humildad con diligencia, y la diligencia con unidad de espíritu en nuestro interior.

Los hay que reciben muchas virtudes y destacan por su capacidad de guiar a los demás; son puros en la práctica de la castidad, firmes en la mortificación, preparados en la doctrina, humildes, pacientes, respetables, piadosos y escrupulosos en la aplicación de la justicia. Si se niegan a aceptar la responsabilidad del ministerio de las almas cuando son llamados a ella, a menudo acaban perdiendo estas cualidades que han recibido de Dios no solo para su bien, sino también en beneficio de los demás. Pretendiendo su

1. San Gregorio I el Magno, *Regla pastoral* 1, 5, en san Gregorio I el Magno, *Regola pastorale,* G. Cremascoli (ed.), Città Nuova (Opere di Gregorio Magno, 7), Roma, 2008, pp. 19-21.

propio provecho y no el del prójimo, se privan de los dones que ambicionan solo para sí. [...]

Quien posee las cualidades necesarias, pero se niega a apacentar el rebaño de Dios, demuestra que no ama al Pastor supremo. Dice San Pablo: «Si [Cristo] murió por todos, todos murieron. Y Cristo murió por todos, para que los que viven ya no vivan para sí, sino para el que murió y resucitó por ellos» (2 Corintios 5, 15).

52

Una Iglesia pobre y humilde que confía en el Señor

Vigesimosexto domingo del tiempo ordinario
(Mateo 21, 28-32)

> [...] En verdad os digo que los publicanos y las prostitutas van por delante de vosotros en el reino de Dios. Porque vino Juan a vosotros enseñándoos el camino de la justicia y no le creísteis; en cambio, los publicanos y las prostitutas le creyeron. Y, aun después de ver esto, vosotros no os arrepentisteis ni le creísteis.

En el Evangelio de este domingo, Jesús se dirige a los sumos sacerdotes y a los ancianos afirmando: «En verdad os digo que los publicanos y las prostitutas van por delante de vosotros en el reino de Dios» (Mateo 21, 31). Jesús habla claro y tiene la valentía de decir la verdad incluso a los que se consideraban maestros por su manera de pensar, de juzgar y de actuar.

Surge, entonces, la pregunta: ¿cómo debe comportarse la Iglesia frente a algunos reproches que se le hacen? Las personas a las que se refiere el Evangelio eran, en efecto, «hombres de Iglesia», «jefes de la Iglesia» que no habían escuchado ni a Jesús ni a Juan el Bautista (v. 32). Jesús fue víctima de esas personas, pero también lo era el pueblo pobre y humilde que menciona Sofonías: «Dejaré en medio de ti un pueblo pobre y humilde, que confiará en el nombre del Señor y será el resto de Israel» (Sofonías 3, 1-2, 9-13). El pueblo de Dios tiene estas tres características: es pobre, humilde y confía en el Señor.

La Iglesia debe ser, por encima de todo, *humilde,* esto es, no debe vanagloriarse de su poder ni de lo que posee. Pero, cuidado: humildad no significa languidez, debilidad, postración. Una persona así no es humilde, ¡finge! La verdadera humildad, en cambio, empieza dando un primer paso: admitiendo que somos pecadores. Si uno no es capaz de decirse a sí mismo que es un pecador y que los demás son mejores, no es humilde. Por lo tanto, el primer paso de la Iglesia humilde es sentirse pecadora. Y lo mismo puede decirse de todos nosotros. Quien tiene por costumbre notar los defectos de los demás y chismorrear no es humilde en absoluto, sino alguien que cree que puede juzgar a los demás. Dice el profeta: «Dejaré en medio de ti un pueblo humilde». Esa es la gracia que debemos pedir: que la Iglesia sea humilde, que yo lo sea, que todos lo seamos.

La segunda característica es la *pobreza* del pueblo de Dios. La pobreza es la primera bienaventuranza: «Bienaventurados los pobres en el espíritu, porque de ellos es el reino de los cielos» (Mateo 5, 3). Pero ¿qué significa ser «pobre en el espíritu»? Pues que solo me subyugan las riquezas de Dios. Una Iglesia que vive pendiente del dinero y de cómo ganarlo no es pobre de espíritu, por descontado. Hubo, por ejemplo, quien afirmó ingenuamente que para pasar por la puerta santa había que hacer un donativo. Esa no es la Iglesia de Jesús, es la Iglesia de los sumos sacerdotes que vive pendiente del dinero. Pensemos en lo que le ocurrió al diácono san Lorenzo, que era «el administrador de la diócesis de Roma»: cuando el emperador le ordenó que entregara los bienes de la diócesis, amenazándolo con la muerte, él le llevó a los pobres, porque los consideraba la riqueza de la Iglesia. Se puede ser incluso dueño de un banco, pero solo si eres pobre de corazón, no vives por el dinero y estás al servicio de los demás. La pobreza se caracteriza precisamente por el desapego que nos impulsa a servir a los necesitados. Preguntémonos: ¿soy realmente pobre?

Para finalizar, la tercera característica: el pueblo de Dios *confía* «en el nombre del Señor». Y en este sentido también tenemos que hacernos una pregunta muy directa: ¿en quién o en qué confío? ¿En el poder? ¿En los amigos? ¿En el dinero? No, ¡en el Señor!

Esta es la herencia que el Señor nos promete: «Dejaré en medio de ti un pueblo pobre y humilde, que confiará en el nombre del Señor». Humilde porque se siente pecador; pobre porque su corazón solo se deja subyugar por las riquezas de Dios, y si las posee, solo las administra; que confía en el Señor porque sabe que solo Él puede darle lo que necesita. Por eso Jesús tuvo que decir a los sumos sacerdotes —que no entendían estas cosas— que una prostituta entraría antes que ellos en el reino de los cielos (*cfr.* Mateo 21, 31).

Pidámosle al Señor que nos dé un corazón humilde, pobre y, sobre todo, que confíe en Él, porque el Señor no nos defrauda nunca.

Lecturas de los padres de la Iglesia

San Ambrosio de Milán, *Lorenzo muestra los verdaderos tesoros de la Iglesia*[1]

Cuando la iglesia rescata multitudes de prisioneros es

1. San Ambrosio de Milán, *Deberes* 2, 28,138-142, en san Ambrosio, *I doveri,* G. Banterle (ed.), Biblioteca Ambrosia-

hermoso que se diga: «¡Los ha rescatado Cristo!». ¡Ese es el oro motivo de orgullo, el oro que deleita, el oro de Cristo que salva de la muerte, el oro que instaura la pudicia y preserva la castidad! [...]

Ese fue el oro que el santo mártir san Lorenzo guardó para el Señor. En efecto, accedió a mostrar los tesoros de la Iglesia a quien se los reclamaba. Y al día siguiente le llevó a los pobres. Cuando lo interrogaron acerca de los tesoros que había prometido, san Lorenzo indicó a los pobres diciendo: «Estos son los tesoros de la Iglesia». Y son realmente tesoros porque en ellos viven Cristo y la fe en Cristo. [...]

Estos tesoros mostró Lorenzo, que venció porque ningún persecutor pudo quitárselos. [...] Lorenzo, que prefirió distribuir entre los pobres el oro de la Iglesia en vez de dárselo a sus persecutores, obtuvo, por la singularidad de su previsión, la rica corona del martirio. [...]

Nadie puede decir: «¿Por qué vive el pobre?». Nadie puede quejarse porque los prisioneros han sido rescatados; nadie puede acusar porque se ha ampliado el lugar donde enterrar a los fieles; a nadie

---

na-Città Nuova (Sancti Ambrosii episcopi Mediolanensis opera, 13), Milán-Roma, 1977, pp. 263-265.

ofende si los cristianos difuntos reposan en una tumba. En estos tres casos, es lícito partir, fundir y vender los oropeles de la Iglesia, aunque hayan sido consagrados.

53

El vino nuevo de la misericordia

Vigesimoséptimo domingo del tiempo ordinario
(Mateo 21, 33-43)

> «Cuando vuelva el dueño de la viña, ¿qué hará con aquellos labradores?». Le contestan: «Hará morir de mala muerte a esos malvados y arrendará la viña a otros labradores que le entreguen los frutos a su tiempo».

La liturgia de este domingo nos propone la parábola de los viñadores a los que el dueño confía la viña que había plantado. Su deber es cuidarla para que dé fruto, que entregarán al dueño cuando llegue la vendimia. Efectivamente, el dueño envía a sus criados a recogerlo, pero los viñadores adoptan una actitud posesiva, pues no se consideran simples trabajadores, sino propietarios, y se niegan a entregar la cosecha. Se enfrentan a los criados e incluso llegan a matarlos. El dueño se muestra paciente con ellos: manda un grupo más numerosos de criados, pero el resultado es el mismo. Al final, decide mandar a su hijo, pero los viñadores, dominados por su instinto de posesión, matan también al hijo del dueño creyendo que podían heredar en su lugar.

La alegoría que contiene esta parábola sirve para ilustrar los reproches que los profetas habían hecho a Israel a lo largo de la historia. Es una historia que nos pertenece porque habla de la alianza de Dios con la humanidad y a la que también estamos llamados a participar. Pero, como en todas las historias de amor, en la de la alianza hay buenos momentos, traiciones y rechazos.

El pasaje evangélico de hoy pone en boca del dueño de la viña una pregunta: «Cuando vuelva el dueño de la viña, ¿qué hará con aquellos labradores?» (Mateo 21, 40). Esta pregunta pone de relieve que la decepción de Dios a causa del comportamiento malvado de los hombres no pone fin a lo sucedido. He aquí la gran novedad del cristianismo: un Dios que incluso decepcionado por nuestros errores y nuestros pecados mantiene su palabra, no se detiene y, sobre todo, ¡no se venga!

Hermanos y hermanas, ¡Dios no se venga! Dios ama, nos espera para perdonarnos, para abrazarnos. A pesar de que somos «piedras desechadas» —Cristo es la primera piedra que los constructores desechan—, a pesar de la debilidad y el pecado, Dios continúa poniendo en circulación el «vino nuevo» de su viña, es decir, la misericordia, que es el vino nuevo de la viña del Señor. Hay solo un impedimento a la voluntad tierna y perseverante de Dios: nuestra arrogancia y nuestra presunción, ¡que a veces se convierten en violencia! Frente a estos comportamientos que no dan fruto, la palabra de Dios conserva todo su poder de reproche y advertencia: «Por eso os digo que se os quitará a vosotros el reino de Dios y se dará a un pueblo que produzca sus frutos» (v. 43).

La urgencia de responder con frutos a la llamada del Señor, que nos llama a convertirnos en su viña, nos ayuda a entender qué tiene de nuevo y original la fe cristiana. Nuestra fe no es una lista de preceptos y de normas morales, sino, sobre todo, una propuesta de amor que Dios, a través de Jesús, hizo y sigue haciendo a la humanidad. Es una invitación a entrar en esta historia de amor, convirtiéndonos en viña viva y abierta, fértil y rica de esperanza para todos. Una viña cerrada puede volverse salvaje y dar uva silvestre. Estamos llamados a salir de la viña para ponernos al servicio de los hermanos que no están con nosotros, para despertarnos y animarnos los unos a los otros, para recordarnos que debemos ser viña del Señor en todas partes, incluso en los ambientes hostiles.

Queridos hermanos y hermanas, invoquemos la intercesión de María Santísima para que nos ayude a ser, en todas partes, sobre todo en las zonas marginadas de la sociedad, la viña que el Señor plantó por el bien de todos, y a llevar el vino nuevo de la misericordia del Señor.

Lecturas de los padres de la Iglesia

San Gregorio Magno, *Dios cuida de su rebaño incluso si el pastor se equivoca*[1]

¿Acaso Dios omnipotente abandona a su rebaño por culpa de nuestra negligencia? Por supuesto que no. Lo apacienta Él mismo, como había prometido a través del profeta, e instruye a los predestinados a la vida con el aguijón de los flagelos y con espíritu de compunción [...].

Los elegidos están admitidos en la patria celestial, purificados por el ministerio de los sacerdotes,

1. San Gregorio I el Magno, *Homilía sobre el Evangelio* 1, 17, 18, en san Gregorio I el Magno, *Omelie sui Vangeli,* G. Cremascoli (ed.), Città Nuova (Opere di Gregorio Magno, 2), Roma, 1994, p. 219.

mientras que los indignos se precipitan hacia los suplicios del infierno a causa de su vida reprobable. ¿Con que compararé a los sacerdotes indignos sino con el agua del bautismo que, quitando el pecado a los bautizados, los introduce en el reino de los cielos, pero después debe ser desechada? Prestemos atención, hermanos, para que nuestro ministerio no incurra en semejante situación. Hagamos todo lo posible para ser purificados diariamente de nuestras culpas de manera que no encadenen nuestras vidas, mediante las cuales Dios omnipotente purifica cada día del mal a los demás. Reflexionemos sin tregua sobre lo que somos, meditemos acerca de nuestro ministerio y tomemos conciencia de las responsabilidades que hemos asumido. Planteémonos cada día estas preguntas a las que deberemos responder frente al Juez. Debemos velar por nosotros mismos para no descuidar al prójimo, de manera que cualquiera que se nos acerque sea condimentado con la sal de nuestra palabra.

54

La Iglesia es grande como el reino de Dios

Vigesimoctavo domingo del tiempo ordinario (Mateo 22, 1-14)

> Luego dijo a sus criados: «La boda está preparada, pero los convidados no se la merecían. Id ahora a los cruces de los caminos y a todos los que encontréis, llamadlos a la boda». Los criados salieron a los caminos y reunieron a todos los que encontraron, malos y buenos. La sala del banquete se llenó de comensales. Cuando el rey entró a saludar a los comensales, reparó en uno que no llevaba traje de fiesta y le dijo: «Amigo, ¿cómo has entrado aquí sin el vestido de boda?».

En el Evangelio de este domingo, Jesús nos habla de la respuesta que se da a la invitación de Dios —representado por un rey— a participar en un banquete de boda. La invitación tiene tres características: gratuidad, generosidad y universalidad.

Hay muchos invitados, pero sucede algo sorprendente: ninguno de los elegidos acepta participar en la fiesta, dicen que tienen otras cosas que hacer; es más, algunos muestran indiferencia, extrañeza e incluso fastidio. Dios es bueno con nosotros, nos ofrece gratuitamente su amistad, su alegría, su salvación, pero a menudo no aceptamos sus dones y ponemos en primer lugar nuestras preocupaciones materiales, nuestros intereses. A veces parece incluso que nos moleste que el Señor nos invite.

Algunos invitados llegan a maltratar y asesinar a los criados que entregan las invitaciones. Pero, a pesar del rechazo de los invitados, el proyecto de Dios sigue adelante. Cuando los primeros invitados se niegan a participar, Él no se desalienta, no suspende la fiesta, sino que extiende la invitación a todo el mundo sin importar dónde haya que buscarlos y manda a sus criados a las plazas y a los cruces de caminos a reunir a todos los que encuentren. Se trata de gente común, pobres, abandonados y marginados, y no hace distinción entre buenos y malos porque estos últimos también están invitados. Y la sala se llena de *marginados.* El Evangelio, rechazado por algunos, encuentra una acogida inesperada en muchos otros corazones.

La bondad de Dios no tiene fronteras y no discrimina a nadie, por eso el banquete de los dones del Señor es universal, es para todos. Todos tienen la oportunidad de aceptar su invitación, de responder a su llamada; nadie tiene el derecho de sentirse privilegiado o pretender la exclusividad, lo cual nos impulsa a vencer la costumbre de situarnos cómodamente en el centro, como hacían los sumos sacerdotes y los fariseos. Es un comportamiento equivocado; debemos abrirnos a las periferias y reconocer que los marginados, incluso los rechazados y despreciados por la sociedad, son objeto de la generosidad de Dios. Todos estamos llamados a no limitar el reino de Dios a las fronteras de una Iglesia pequeña —nuestra *iglesita pequeñita*—, sino a abrirlas a las dimensiones del reino de Dios. Solo hay una condición: vestir el traje de fiesta, es decir, testimoniar la caridad hacia Dios y hacia el prójimo.

Encomendamos a la intercesión de María Santísima los dramas y las esperanzas de muchos de nuestros hermanos y hermanas excluidos, débiles, rechazados, despreciados o perseguidos a causa de su fe.

Lecturas de los padres de la Iglesia

San Cipriano de Cartago, *El reino de Dios es Cristo*[1]

[En el padrenuestro] pedimos que el reino de Dios

1. San Cipriano de Cartago, *Predicación del domingo* 13-

venga a nosotros y que su nombre sea santificado por nosotros. [...] Pedimos que el reino que nos ha sido prometido por Dios y que ha sido obtenido mediante la sangre de la pasión de Cristo venga a nosotros para reinar con el Señor Jesucristo y servirlo. Él promete y dice: «Venid vosotros, benditos de mi Padre; heredad el reino preparado para vosotros desde la creación del mundo» (Mateo 25, 34). Amadísimos hermanos, en realidad es Cristo mismo el que puede ser el reino de Dios que esperamos cada día con ansia, queremos que vuelva pronto entre nosotros para que se convierta en realidad. En efecto, desde el momento en que Él es la resurrección, y puesto que en Él resurgimos, el reino de Dios puede ser entendido como Cristo, puesto que en Él reinaremos. Justamente, pues, invocamos el reino de Dios, es decir, un reino celestial, porque también existe un reino terrenal; pero quien ha renunciado al mundo es superior a su pompa. Por eso el que declara que pertenece a Dios o a Cristo no desea reinos terrenales, sino celestiales.

14, en san Cipriano, *Opuscoli,* vol. II, M. Veronese, A. Cerrettini y C. Moreschini (ed.), Città Nuova (Scriptores Africae christiani, 6/2), Roma, 2009, pp. 81-83.

55

La pertenencia fundamental

Vigesimonoveno domingo del tiempo ordinario (Mateo 22, 15-21)

> Comprendiendo su mala voluntad, les dijo Jesús: «Hipócritas, ¿por qué me tentáis? Enseñadme la moneda del impuesto». Le presentaron un denario. Él les preguntó: «¿De quién son esta imagen y esta inscripción?». Le respondieron: «Del césar». Entonces les replicó: «Pues dad al césar lo que es del césar y a Dios lo que es de Dios».

El Evangelio de este domingo nos presenta un nuevo cara a cara entre Jesús y sus opositores. El tema que se aborda es el tributo al césar, una cuestión *peliaguda* acerca de la licitud del impuesto que Palestina estaba obligada a pagar al césar en tiempos de Jesús. Había muchas opiniones al respecto y la pregunta que los fariseos le dirigen al Maestro —«¿Es lícito pagar impuesto al césar o no?» (Mateo 22, 17)— es una trampa. De hecho, según la respuesta que diera, lo habrían acusado de estar a favor o en contra de Roma.

Pero Jesús, incluso en este caso, responde con serenidad y aprovecha la pregunta maliciosa para dar una enseñanza importante, poniéndose por encima de la polémica y de las opiniones de cada facción. Dice a los fariseos: «Enseñadme la moneda del impuesto». Cuando le presentan el denario, Jesús lo observa y pregunta: «¿De quién son esta imagen y esta inscripción?». Los fariseos responden: «De césar». Entonces Jesús concluye: «Pues dad al césar lo que es del césar y a Dios lo que es de Dios» (vv. 19-21). Por un lado, al afirmar que hay que dar al emperador lo que le pertenece, Jesús declara que pagar el impuesto no es un acto de idolatría, sino un acto debido a la autoridad terrenal; por otro —y esta es la *idea genial* que asesta el golpe de gracia a sus detractores—, reclama la primacía de Dios, pidiendo que se le dé lo que merece como Señor de la vida del hombre y de la historia.

La referencia a la imagen del césar grabada en la moneda dice que es justo sentirse ciudadanos del Estado de pleno derecho, pero simbólicamente hace referencia a otra imagen que todos los hombres llevan grabada: la imagen de Dios. Él es el Señor de todo, y nosotros, que hemos sido creados «a su imagen», le pertenecemos por encima de todo. Jesús plantea, a partir de la pregunta que le hacen los fariseos, una cuestión más radical y vital para cada uno de nosotros, una cuestión que todos debemos plantearnos: ¿a quién pertenezco? ¿A mi familia? ¿A mi ciudad? ¿A mis amigos? ¿A mi escuela? ¿A mi trabajo? ¿A la política? ¿Al Estado? Sí, por supuesto. Pero, por encima de todo —nos recuerda Jesús—, pertenecemos a Dios. Esta es la pertenencia fundamental. Él nos ha dado todo lo que somos y lo que tenemos. Por lo tanto, podemos y debemos vivir nuestra vida cotidiana en el *re*-conocimiento de nuestra pertenencia fundamental y en el *re*-conocimiento de corazón hacia nuestro Padre, que nos ha creado uno a uno, de manera irrepetible, pero siempre según la imagen de su Hijo amado, Jesús. Es un misterio maravilloso.

El cristiano está llamado a comprometerse de forma concreta con la realidad humana y social sin contraponer a «Dios» con el «césar»; hacerlo sería adoptar una actitud fundamentalista. El cristiano está llamado a comprometerse de forma concreta con la realidad terrenal, pero iluminándola con la luz que viene de Dios. Confiar en Él por encima de todo y poner toda nuestra esperanza en Él no significa huir de la realidad, sino restituirle lo que le pertenece. Por eso el creyente mira al futuro con los ojos puestos en Dios, para vivir la vida terrenal con plenitud y responder con coraje a sus desafíos.

Que la Virgen María nos ayude a vivir siempre en conformidad con la imagen de Dios que llevamos dentro y a contribuir en la construcción de la realidad terrenal.

Lecturas de los padres de la Iglesia

Tertuliano, *Somos la imagen de Dios*[1]

> Imagínate, pues, a Dios [en el momento de la creación del hombre] ocupado y concentrado en el barro. Sus manos, su inteligencia, su sabiduría, la providencia y, sobre todo, el afecto dictan la forma del cuerpo que crea pensando en Cristo, que se convertirá en hombre, es decir, en barro, y en el Verbo, que se convertirá en carne y entonces era tierra. En efecto, el Padre le había dicho al Hijo: «Hagamos al hombre a nuestra imagen y semejanza; y creó Dios al hombre a su imagen, a imagen de Dios lo creó» (*cfr.* Génesis 1, 26), es decir,

1. Tertuliano, *Resurrección de la carne* 6, 3-4, en Tertuliano, *Opere dottrinali. L'anima, La resurrezione della carne,* Contro Prassea, C. Moreschini y P. Podolak (eds.), Città Nuova (Scriptores Africae Christiani 3/2.b), Roma, 2010, p. 279.

a imagen de Cristo. Dios es, en efecto, el Verbo que tuvo a bien considerar que su imagen no era exclusivamente suya. Por lo tanto, ese barro con el que ya entonces había creado la imagen de Cristo, que se convertiría en carne, no era solo obra de Dios, sino también prenda de Dios.

56

El rostro del Padre y el rostro del hermano

Trigésimo domingo del tiempo ordinario
(Mateo 22, 34-40)

> Uno de ellos, un doctor de la ley, le preguntó para ponerlo a prueba: «Maestro, ¿cuál es el mandamiento principal de la ley?». Él le dijo: «*Amarás al Señor tu Dios con todo tu corazón, con toda tu alma, con toda tu mente.* Este mandamiento es el principal y primero. El segundo es semejante a él: *amarás a tu prójimo como a ti mismo.* En estos dos mandamientos se sostienen toda la ley y los profetas».

El Evangelio de hoy nos recuerda que toda la ley divina se resume en el amor a Dios y al prójimo. El evangelista Mateo relata que algunos fariseos se pusieron de acuerdo para poner a prueba a Jesús. Uno de ellos, un doctor de la ley, le hizo esta pregunta: «Maestro, ¿cuál es el mandamiento principal de la ley?» (Mateo 22, 36). Jesús, citando el libro del Deuteronomio (Deuteronomio 6, 5), respondió: «Amarás al Señor tu Dios con todo tu corazón, con toda tu alma, con toda tu mente. Este mandamiento es el principal y primero» (Mateo 22, 37-38). Habría podido dejarlo ahí, sin embargo, Jesús añadió algo que no le había preguntado el doctor de la ley. Dijo: «El segundo es semejante a él: amarás a tu prójimo como a ti mismo» (v. 39), que no es un mandamiento inventado por Jesús, sino tomado del libro del Levítico (Levítico 19, 18). La novedad consiste en relacionar esos dos mandamientos —el amor a Dios y el amor al prójimo— haciéndolos inseparables y complementarios como dos caras de la misma medalla. No se puede amar a Dios sin amar al prójimo y no se puede amar al prójimo sin amar a Dios. El papa Benedicto XVI nos dejó un comentario muy hermoso al respecto en su primera encíclica *Deus caritas est* (16-18).

En efecto, la señal más visible que el cristiano puede mostrar para testimoniar al mundo y a su familia el amor de Dios es amar a los hermanos. El mandamiento del amor a Dios y al prójimo no es el primero porque encabece la lista de los mandamientos, sino que Jesús lo colocó en medio porque es el corazón que hace latir todo lo demás, del que todo nace y al cual todo debe regresar y hacer referencia.

Ya en el Antiguo Testamento, la exigencia de ser santos, a imagen de Dios, que es santo, comprendía también el deber de hacerse cargo de las personas más débiles, como el extranjero, el huérfano y la viuda (*cfr.* Éxodo 22, 20-26). Jesús, que reúne en sí mismo, en su carne, la divinidad y la humanidad en un único misterio de amor, lleva a cabo esta ley de alianza.

Ahora, a la luz de esta palabra de Jesús, el amor es la medida de la fe y la fe es el alma del amor. Ya no podemos separar la vida religiosa y de caridad del servicio a los hermanos que encontramos a lo largo de nuestra vida. No podemos separar la oración, el encuentro con Dios en los sacramentos, de la participación en las vidas de los demás, de la atención por ellos, especialmente por sus heridas. Recordad esto: el amor es la medida de la fe. Y tú, ¿cuánto amas? ¿Cómo es tu fe? Mi fe es como yo amo. Y la fe es el alma del amor.

Jesús abre una brecha en la tupida selva de reglas y normas —en los legalismos de ayer y de hoy— que permite distinguir dos rostros: el rostro del Padre y el del hermano. No nos entrega dos fórmulas o dos preceptos, no lo son; nos entrega dos rostros, es más, un solo rostro, el de Dios, que se refleja en muchos otros, porque el rostro de cada hermano —especialmente de los más humildes, frágiles, indefensos y necesitados— es la imagen viva de Dios. Cuando nos encontramos con uno de estos hermanos deberíamos, pues, preguntarnos si somos capaces de reconocer en él el rostro de Dios. ¿Somos capaces de hacerlo?

De este modo, Jesús ofrece a todos los hombres el criterio fundamental para orientar sus vidas. Pero, sobre todo, nos ha dado al Espíritu Santo, que nos permite amar a Dios y al prójimo como Él los ama, libre y generosamente.

Por intercesión de María, Madre nuestra, abrámonos para acoger este don del amor, para caminar siempre según esta ley de los dos rostros que son uno solo, la ley del amor.

Lecturas de los padres de la Iglesia

San Máximo el Confesor, *Sin caridad, todo es vanidad de vanidades*[1]

El que ama a Dios antepone su conocimiento a todas las cosas por Él creadas y todo su deseo persevera en tal sentido.

1. San Máximo el Confesor, *Caridad* 1, 4-5, 13, 15, 23-24, en san Máximo el Confesor, *Capitoli sulla carità,* A. Ceresa-Gastaldo (ed.), Studium (Verba Seniorum, 3), Roma, 1963, pp. 53, 55, 57.

Como todo lo que existe ha sido creado por Dios y para Dios, Dios es superior a su creación. El que deja de lado a Dios y elige las cosas inferiores demuestra que antepone a Él las cosas que creó. [...]

El que ama a Dios ama al prójimo como a sí mismo, aunque aborrezca las pasiones de los que todavía no se han purificado. Por eso se llena de gozo al ver su conversión y su restablecimiento. [...]

El que guarda en su corazón un atisbo de odio por el prójimo a causa de sus pecados es completamente ajeno al amor de Dios, puesto que el amor de Dios no tolera el odio hacia los demás. [...]

El que ama a Dios ama a su prójimo y no puede guardar para sí su riqueza, sino que la administra dignamente según los preceptos de Dios y la ofrece a los necesitados.

El que da limosna imitando a Dios no discrimina entre buenos y malos o justos e injustos, sino que reparte entre todos por igual según sus necesidades, aunque por justa elección prefiere el bueno al malo.

57

No superhombres, sencillamente santos

Todos los Santos
(Mateo 5, 1-12)

> Al ver Jesús el gentío, subió al monte, se sentó y se acercaron sus discípulos; y, abriendo su boca, les enseñaba diciendo: «Bienaventurados los pobres en el espíritu, porque de ellos es el reino de los cielos».

La solemnidad de Todos los Santos es *nuestra* fiesta, no porque seamos buenos, sino porque la santidad de Dios ha tocado nuestra vida. Los santos no son modelos perfectos, sino personas iluminadas por Dios. Podemos compararlos con las vidrieras de las iglesias que filtran la luz en muchas tonalidades de color. Los santos son los hermanos y hermanas que recibieron la luz de Dios en su corazón y la transmitieron al mundo con su propia *tonalidad.* Tienen en común el hecho de que todos lucharon por eliminar las manchas y la oscuridad del pecado, filtrando solo la luz bendita de Dios. Este es el objetivo de la vida: dejar pasar la luz de Dios.

En efecto, en el Evangelio de hoy, Jesús se dirige a los suyos, a todos nosotros, como «bienaventurados» (Mateo 5, 3). Con esa palabra empieza su predicación, el «evangelio», que significa 'buena noticia' porque es el camino de la felicidad. Quien está con Jesús es bienaventurado, es feliz. La felicidad no consiste en poseer riquezas o en convertirse en alguien, no, la felicidad verdadera es estar con el Señor y vivir por amor. ¿Creéis en ello? Para hacerlo, debemos seguir adelante. Los ingredientes para una vida feliz se llaman bienaventuranzas: son bienaventurados los pobres de espíritu, los humildes que hacen sitio a Dios, que saben llorar por los demás y por sus propios errores, son mansos, luchan por la justicia, son misericordiosos con todos, son puros de corazón, obran siempre por la paz y siempre están alegres, no odian e incluso cuando sufren responden al mal con el bien.

Estas son las bienaventuranzas. No exigen grandes gestos, no son para superhombres, sino para las personas que se enfrentan a las pruebas cotidianas, para nosotros. Así son los santos: respiran como todos nosotros el aire contaminado por el mal que existe en el mundo, pero a lo largo del camino nunca pierden de vista las huellas de Jesús gracias a las bienaventuranzas, que son como un mapa de la vida cristiana. Hoy es la fiesta de los que alcanzaron la meta indicada en ese mapa; no solo lo hicieron los santos del calendario, sino también muchos hermanos y hermanas *de la puerta de al lado,* que quizá conocemos o con los que nos hemos cruzado. La celebración de hoy es una fiesta familiar de personas sencillas y discretas gracias a las cuales el mundo sigue adelante. ¡Hay muchas hoy en día! Les damos las gracias a estos hermanos y hermanas desconocidos que viven entre nosotros por ayudar a Dios a sacar el mundo adelante.

En primer lugar —dice la primera bienaventuranza—, son «los pobres de espíritu» (v. 3). ¿Qué significa? Que son personas que no viven para el éxito, el poder y el dinero, porque saben que quien acumula tesoros para sí no se enriquece ante Dios (*cfr.* Lucas 12, 21). Creen, en cambio, que el Señor es el tesoro de la vida, y el amor al prójimo, la única verdadera fuente de ganancias. A veces estamos insatisfechos porque nos falta algo o preocupados porque nuestros méritos no se reconocen como quisiéramos. No olvidemos que la bienaventuranza no reside en eso, sino en el Señor y en el amor; solo con Él, solo amando se es bienaventurado.

Para acabar, quisiera hablar de otra bienaventuranza que no se encuentra en el Evangelio, sino al final de la Biblia y trata del fin de la vida: «Dichosos los muertos que mueren en el Señor» (Apocalipsis 14, 13). Mañana estaremos llamados a acompañar a nuestros difuntos con la oración para que gocen del Señor para siempre. Recordemos con gratitud a nuestros seres queridos y oremos por ellos.

Que la Madre de Dios, reina de los santos y puerta del cielo, interceda para que encontremos nuestro camino de santidad y por los seres queridos que nos precedieron y partieron para la patria celestial.

Lecturas de los padres de la Iglesia

San Ignacio de Antioquía, *La fe de los santos*[1]

Yo glorifico a Jesucristo, Dios que os ha hecho sabios; en efecto, constato que vuestra fe es tan firme como si estuvierais clavados en carne y en espíritu sobre la cruz de Jesucristo y sacarais fuerza de su sangre, pues grande es vuestro ardor hacia nuestro Señor, que desciende realmente de la estirpe de David (*cfr.* Romanos 1,

1. San Ignacio de Antioquía, *Carta a Policarpo de Esmirna* 1, 1-2, 1.4, 1, en *I Padri apostolici,* C. Dell'Osso (ed.), Città Nuova (Testi patristici, 5), Roma, 20112, pp. 117-118.

3), hijo de Dios según su voluntad y poder, nacido realmente de la Virgen y bautizado por Juan para «cumplir toda justicia» (*cfr.* Mateo 3, 15). Bajo Poncio Pilato y el tetrarca Herodes fue clavado en la cruz para redimir nuestros pecados y fruto de la santa pasión fuimos nosotros, que nacimos para levantar su estandarte de resurrección y cubrir con él a santos y fieles, a judíos y a paganos, al único cuerpo de su Iglesia por los siglos de los siglos.

En efecto, Él sufrió por nosotros para salvarnos; sufrió realmente y resucitó, no fingió sufrir como cuentan algunos infieles superficiales cuyo pensamiento superficial los conduce a ser incorpóreos y parecidos a los espíritus [...].

Esto os encomiendo, amadísimos, sabiendo que pensáis como yo.

58

Vivir cada día como si fuera el último

Trigesimosegundo domingo
del tiempo ordinario
(Mateo 25, 1-13)

Mientras iban a comprarlo, llegó el esposo, y las que estaban preparadas entraron con él al banquete de bodas, y se cerró la puerta. Más tarde llegaron también las otras vírgenes, diciendo: «Señor, señor, ábrenos». Pero él respondió: «En verdad os digo que no os conozco». Por tanto, velad, porque no sabéis el día ni la hora.

El Evangelio de este domingo indica la condición para entrar en el reino de los cielos con la parábola de las diez vírgenes, que eran las doncellas encargadas de recibir y acompañar al novio a la ceremonia de boda. Como en aquel tiempo era costumbre celebrarla de noche, las doncellas llevaban consigo lámparas.

La parábola cuenta que cinco de ellas eran prudentes y cinco necias; de hecho, las prudentes no se olvidan del aceite para las lámparas, mientras que las necias lo hacen. Como el novio tarda en llegar, las doncellas se duermen. A medianoche, cuando se anuncia la llegada del novio, las vírgenes necias caen en la cuenta de que han olvidado el aceite de las lámparas y se lo piden a las prudentes, pero estas responden que no pueden dárselo porque no habría suficiente para todas. Mientras las necias van en busca de aceite, llega el novio; las vírgenes prudentes entran con él en la sala del banquete y se cierra la puerta. Las cinco necias regresan demasiado tarde, llaman a la puerta, pero la respuesta es: «En verdad os digo que no os conozco» (Mateo 25, 12) y se quedan fuera.

¿Qué pretende enseñarnos Jesús con esta parábola? Nos recuerda que debemos estar preparados para encontrarnos con Él. No es la primera vez que Jesús nos exhorta en el Evangelio a velar como hace al final de la parábola. Dice así: «Por tanto, velad, porque no sabéis ni el día ni la hora» (v. 13). También nos dice que velar no significa solamente no dormir, sino estar preparado. De hecho, todas las vírgenes se duermen antes de que llegue el novio, pero, al despertarse, algunas están listas y otras no. He aquí el significado de ser sabios y prudentes: no esperar al último momento de nuestra vida para colaborar con la gracia de Dios, sino empezar enseguida. No estaría mal que nos planteáramos que un día será el último. Si fuera hoy, ¿estaría preparado o preparada? Quizá me quedarían cosas por hacer, y prepararse como si fuera el último día es bueno para todos.

La lámpara es el símbolo de la fe que ilumina nuestra vida, mientras que el aceite es el símbolo de la caridad que alimenta, fecunda y hace creíble la luz de la fe. La condición para estar preparado para el encuentro con el Señor no es solo la fe, sino una vida cristiana rica de amor y caridad hacia el prójimo. Si nos dejamos llevar por lo más cómodo, por nuestros intereses, nuestra vida se vuelve estéril, incapaz de dar vida a los demás, y no acumulamos aceite para la lámpara de nuestra fe. La fe se apagará en el momento de la venida del Señor o incluso antes. Si, en cambio, estamos vigilantes y tratamos de hacer obras de bien, generosas, y ayudamos al prójimo en apuros, podemos estar tranquilos mientras esperamos la llegada del novio: el Señor podrá venir en cualquier momento, la muerte no nos asustará porque tendremos la reserva de aceite que hemos acumulado con las buenas obras cotidianas. La fe inspira la caridad y la caridad custodia la fe.

Que la Virgen María nos ayude a reforzar nuestra fe por medio de la caridad para que nuestra lámpara pueda empezar a brillar en nuestro camino terrenal y después eternamente en la fiesta del paraíso.

Lecturas de los padres de la Iglesia

San Efrén de Siria, *Velad sobre vuestro cuerpo y vuestra alma*[1]

Para que los discípulos no le preguntaran cuándo llegaría, dijo Jesús: «En cuanto al día y la hora, nadie lo conoce, ni los ángeles de los cielos ni el Hijo, sino solo el Padre» (*cfr.* Mateo 24, 36); «No os toca a vosotros conocer los tiempos o momentos» (Hechos 1, 7).

Nos lo mantiene oculto para que sigamos vigilando y cada uno de nosotros piense que su llegada puede tener lugar cualquier día en el curso de la vida. En efecto, si hubiera revelado el momento de su llegada, su primera venida habría sido vana y los pueblos no la habrían esperado durante siglos. Él dijo que vendría (*cfr.* Mateo 24, 30), pero no precisó cuándo lo haría, de manera que todas las generaciones de todos los tiempos braman su llegada. [...]

1. San Efrén de Siria, *Comentarios al Diatessaron* 18, 15.17, en *Saint Ephrem's Commentary on Tatian's Diatessaron*, C. McCarthy (ed.), Oxford University Press (Journal of Semitic Studies Supplement, 2), Oxford, 20002, pp. 278-280.

Velad, pues, porque cuando el cuerpo se duerme, la naturaleza toma ventaja y dicta nuestra conducta, que deja de estar dirigida por nuestra voluntad. Cuando el sopor de la debilidad y de la tristeza domina el alma, el enemigo se impone sobre ella y la conduce contra su propia voluntad. [...] Por este motivo el Señor invita a velar sobre nuestro cuerpo y nuestra alma, para evitar que el cuerpo se hunda en un sueño profundo y el alma en la apatía generada por la indolencia.

59

Que los dones de Dios den fruto

Trigesimotercer domingo del tiempo ordinario
(Mateo 25, 14-30)

Su señor le dijo: «Bien, siervo bueno y fiel; como has sido fiel en lo poco, te daré un cargo importante; entra en el gozo de tu amo». Se acercó también el que había recibido un talento y dijo: «Señor, sabía que eres exigente, que siegas donde no siembras y recoges donde no esparces, tuve miedo y fui a esconder tu talento bajo tierra. Aquí tienes lo tuyo». El señor le respondió: «Eres un siervo negligente y holgazán. ¿Con que sabías que siego donde no siembro y recojo donde no esparzo? Pues debías haber puesto mi dinero en el banco, para que, al volver yo, pudiera recoger lo mío con los intereses. Quitadle el talento y dádselo al que tiene diez. Porque al que tiene se le dará y le sobrará, pero al que no tiene se le quitará hasta lo que tiene».

El Evangelio de este domingo nos cuenta que un hombre, antes de partir de viaje, convoca a sus criados y les confía su patrimonio en talentos, monedas antiguas de gran valor. Los tres siervos tenían la obligación de hacer rentar el patrimonio en su ausencia. Dos criados duplican el capital inicial, pero el tercero entierra el talento recibido por miedo a perderlo todo. Cuando el dueño regresa, los dos primeros reciben su felicitación y son recompensados, mientras que el tercero, que solo le devuelve la moneda que recibió, es reprendido y castigado.

El significado está claro: el hombre de la parábola representa a Jesús, los criados somos nosotros y los talentos son el patrimonio que el Señor nos confía. ¿Cuál es el patrimonio? Su Palabra, la eucaristía, la fe en el Padre celestial y su perdón. En resumidas cuentas, sus bienes más preciados. No solo para que los custodiemos, ¡sino también para que den fruto! El hoyo que el «siervo negligente y holgazán» (Mateo 25, 26) excava en la tierra representa el temor a correr riesgos que bloquea la creatividad y la fecundidad del amor. El miedo a correr los riesgos del amor nos bloquea. ¡Jesús no nos pide que guardemos su gracia en una caja fuerte! Lo que quiere es que la usemos en beneficio de los demás. Todos los bienes que hemos recibido son para ofrecerlos y, de esta manera, hacer que aumenten. Es como si nos dijera: «Aquí tienes mi misericordia, mi ternura, mi perdón: tómalos y úsalos con generosidad». Y ¿qué hacemos con ellos? ¿A quién hemos *contagiado* nuestra fe? ¿A cuántas personas hemos animado con nuestra esperanza? ¿Cuánto amor hemos compartido con nuestro prójimo? Cualquier ambiente, incluso el más cerrado e inaccesible, puede convertirse en un lugar donde hacer fructificar los talentos. No existen situaciones o sitios imposibles para la presencia y el testimonio cristiano. El testimonio que Jesús nos pide no es cerrado, es abierto y depende de nosotros.

Esta parábola nos empuja a no esconder nuestra fe y nuestra pertenencia a Cristo, nos exhorta a no enterrar la palabra del Evangelio, sino a hacerla circular en nuestra vida, en nuestras relaciones, en las situaciones concretas, como fuerza que hace tambalear lo establecido, purifica y renueva. De la misma manera, no guardemos para nosotros el perdón que el Señor nos da, especialmente con el sacramento de la reconciliación, dejemos que irradie su fuerza, que haga caer los muros de nuestro egoísmo, que nos haga dar el primer paso para recuperar las relaciones perdidas, para retomar el diálogo donde ya no hay comunicación. Apliquémoslo a todo. Haced que los talentos, los dones que el Señor nos da, sean para los demás, crezcan y den fruto con nuestro testimonio.

Os invito a reflexionar: «¿qué hago yo para que

los talentos, las riquezas, todo lo espiritual y bueno que Dios me ha dado, su palabra, fructifiquen y crezcan en los demás? ¿Acaso me limito a custodiarlos en la caja fuerte?».

Además, el Señor no da a todos lo mismo y de la misma forma: nos conoce personalmente y nos confía lo que considera apropiado para cada uno de nosotros. Pero hay algo común a todos: la misma inmensa confianza que Dios deposita en nosotros. ¡Dios se fía de nosotros! ¡Dios tiene esperanza en todos nosotros! No nos dejemos paralizar por el miedo, ¡no lo decepcionemos!

La Virgen María encarna plenamente esta actitud. Ella recibió y acogió el don más sublime, Jesús en persona, y lo ofreció a la humanidad con generosidad. A ella le pedimos que nos ayude a ser «siervos buenos y fieles» para participar «en el gozo de nuestro Señor».

Lecturas de los padres de la Iglesia

San Ambrosio de Milán, *Los talentos para invertir*[1]

Vosotros que escucháis o leéis estas cosas lo sois todo

1. San Ambrosio de Milán, *Fe* 5, pról. 9-10, en san Ambrosio, *La fede,* C. Moreschini (ed.), Biblioteca Ambrosiana-Città Nuova (Sancti Ambrosii episcopi Mediolanensis opera, 15), Milán-Roma, 1984, pp. 337-339.

para nosotros: sois el interés del préstamo, en palabras, no en dinero; sois la cosecha del agricultor, el oro y la plata, las piedras angulares del constructor. [...]

En vuestros progresos brilla el oro del Señor, se multiplica la plata cuando conserváis las palabras divinas. Porque «Las palabras del Señor son palabras auténticas, como plata limpia de ganga, refinada siete veces» (Salmos 12 (11), 7). Vosotros, pues, haréis rico al que presta, daréis una cosecha rica al agricultor, pondréis a prueba al «arquitecto» experto (1 Corintios 3, 10). No hablo con presunción porque estos méritos que espero que poseáis no son míos, sino vuestros. [...]

Estos son los cinco talentos que el Señor ordena prestar con intereses espirituales; estas son «las dos monedas de bronce» (*cfr.* Lucas 10, 35) del Nuevo y del Viejo Testamento que el «Samaritano» del Evangelio dejó para que fueran curadas las heridas del que había sido desposeído por los ladrones.

60

Seremos juzgados por el amor

Nuestro Señor Jesucristo, Rey del Universo
(Mateo 25, 31-46)

> «Señor, ¿cuándo te vimos con hambre y te alimentamos, o con sed y te dimos de beber?; ¿cuándo te vimos forastero y te hospedamos, o desnudo y te vestimos?; ¿cuándo te vimos enfermo o en la cárcel y fuimos a verte?». Y el rey les dirá: «En verdad os digo que cada vez que lo hicisteis con uno de estos, mis hermanos más pequeños, conmigo lo hicisteis».

Este último domingo del año litúrgico celebramos la solemnidad de Cristo Rey del Universo. Su majestuosidad es guía y servicio que al final de los tiempos también será juicio. Hoy estamos ante Cristo como rey, pastor y juez que muestra los criterios de pertenencia al reino de Dios.

Este pasaje evangélico se abre con una visión

grandiosa. Jesús, dirigiéndose a sus discípulos, dice: «Cuando venga en su gloria el Hijo del hombre, y todos los ángeles con él, se sentará en el trono de su gloria» (Mateo 25, 31). Es la introducción solemne del relato del juicio universal. Después de haber vivido una existencia terrenal pobre y humilde, Jesús se presenta ahora investido de la gloria divina que le pertenece y rodeado por una cohorte de ángeles. Toda la humanidad está llamada a presentarse ante Él, que ejercita su autoridad separando a unos de otros, como el pastor separa las ovejas de las cabras.

A los que coloca a su derecha dice: «Venid vosotros, benditos de mi Padre; heredad el reino preparado para vosotros desde la creación del mundo. Porque tuve hambre y me disteis de comer, tuve sed y me disteis de beber, fui forastero y me hospedasteis, estuve desnudo y me vestisteis, enfermo y me visitasteis, en la cárcel y vinisteis a verme» (vv. 34-36). Los justos se sorprenden porque no recuerdan haber encontrado nunca a Jesús y menos haberlo ayudado, pero Él declara: «En verdad os digo que cada vez que lo hicisteis con uno de estos, mis hermanos más pequeños, conmigo lo hicisteis» (v. 40). Estas palabras nos impresionan cada vez que las escuchamos porque nos revelan hasta qué punto llega el amor de Dios. El Padre se identifica con nosotros, pero no cuando estamos bien, sanos, y somos felices, sino cuando estamos necesitados. Él permite que lo encontremos de esta manera poco llamativa, nos tiende la mano como mendigo. Es así como Jesús revela el criterio decisivo de su juicio, es decir, el amor concreto por el prójimo necesitado. Así se revela el poder del amor y la majestad de Dios, con la solidaridad por los que sufren para favorecer en todo momento las obras de misericordia y la caridad.

La parábola del juicio continúa con el rey que aleja de sí a los que durante sus vidas no se preocuparon por las necesidades de los hermanos. Ellos también se sorprenden y preguntan: «Señor, ¿cuándo te vimos con hambre o con sed, o forastero o desnudo, o enfermo o en la cárcel, y no te asistimos? (v. 44). Lo cual significaba: «¡Si te hubiéramos visto, seguramente te habríamos ayudado!». Pero el rey responde: «En verdad os digo: lo que no hicisteis con uno de estos, los más pequeños, tampoco lo hicisteis conmigo» (v. 45). Al final de nuestra vida seremos juzgados por el amor, es decir, por el compromiso que realmente contrajimos para amar y servir a Jesús a través de nuestros hermanos más pequeños y necesitados. El mendigo, el hambriento, el necesitado que tiende la mano es Jesús; el preso, el enfermo al que visito es Jesús. ¡No lo olvidemos!

Jesús vendrá al final de los tiempos para juzgar a todas las naciones, pero ahora viene a nosotros cotidianamente, se presenta de muchas maneras y pide que lo acojamos.

Que la Virgen María nos ayude a encontrarlo y recibirlo en su palabra y en la eucaristía, y también en los hermanos y hermanas hambrientos, enfermos, oprimidos por la injusticia. Puedan nuestros corazones acogerlo en nuestra vida cotidiana para que Él nos acoja en la eternidad de su reino de luz y de paz.

Lecturas de los padres de la Iglesia

San Cesáreo de Arlés, *La misericordia divina y la humana*[1]

Oh, hombre, ¿con qué descaro exiges lo que te olvidas de dar? El que desea recibir misericordia en el cielo, debe concederla en esta tierra. Y como todos, queridísimos hermanos, deseamos recibir misericordia, vivamos haciendo de ella nuestra protectora en el tiempo presente para que nos libere en el futuro.

Hay una misericordia celestial a la que se accede

1. San Cesáreo de Arlés, *Sermón* 25, 1, en san Cesáreo de Arlés, *Sermons au peuple,* vol. II (Sources chrétiennes, 243), M.-J. Delage (ed.), Éditions du Cerf, París, 1978, pp. 69-71.

mediante las obras de misericordia terrenales. En efecto, está escrito: «Señor, tu misericordia llega al cielo» (Salmos 36 (35), 6). Hay una misericordia celestial y otra terrenal, una divina y otra humana. ¿Cuál es la misericordia humana? Sobre todo, ocuparse de la miseria de los pobres. ¿Cuál es la divina? Conceder el perdón a los pecadores.

Todo lo que la misericordia humana da a lo largo del camino de la vida, la divina lo devolverá en la patria celestial.

Dios, en efecto, siente frío y sed en esta tierra a través de los pobres, como Él mismo dijo: «En verdad os digo que cada vez que lo hicisteis con uno de estos, mis hermanos más pequeños, conmigo lo hicisteis» (Mateo 25, 40). Dios se digna conceder en el cielo lo que recibe en la tierra.

Fechas del calendario litúrgico
(Año A)

Primer domingo de Adviento (p. 21)	*27 de noviembre de 2022*
	30 de noviembre de 2025
	03 de diciembre de 2028
Tercer domingo de Adviento (p. 31)	*11 de diciembre de 2022*
	14 de diciembre de 2025
	17 de diciembre de 2028
Cuarto domingo de Adviento (p. 36)	*18 de diciembre de 2022*
	21 de diciembre de 2025
	28 de diciembre de 2028
Sagrada Familia (p. 50)	*30 de diciembre de 2022*
	28 de diciembre de 2025
	31 de diciembre de 2028
Segundo domingo del tiempo de Navidad (p. 56)	*1 de enero de 2023*
	4 de enero de 2026
	7 de enero de 2029

Bautismo del Señor (p. 67)	*8 de enero de 2023*
	11 de enero de 2026
	7 de enero de 2029
Segundo domingo del tiempo ordinario (p. 71)	*15 de enero de 2023*
	18 de enero de 2026
	14 de enero de 2029
Tercer domingo del tiempo ordinario (p. 76)	*22 de enero de 2023*
	25 de enero de 2026
	21 de enero de 2029
Quinto domingo del tiempo ordinario (p. 87)	*5 de febrero de 2023*
	8 de febrero de 2026
	4 de febrero de 2029
Sexto domingo del tiempo ordinario (p. 92)	*12 de febrero de 2023*
	15 de febrero de 2026
	11 de febrero de 2029
Séptimo domingo del tiempo ordinario (p. 98)	*19 de febrero de 2023*
Primer domingo de Cuaresma (p. 108)	*26 de febrero de 2023*
	22 de febrero de 2026
	18 de febrero de 2029

Segundo domingo de Cuaresma (p. 113)	*5 de marzo de 2023*
	1 de marzo de 2026
	25 de febrero de 2029
Tercer domingo de Cuaresma (p. 119)	*12 de marzo de 2023*
	8 de marzo de 2026
	4 de marzo de 2029
Cuarto domingo de Cuaresma (p. 124)	*19 de marzo de 2023*
	15 de marzo de 2026
	11 de marzo de 2029
Quinto domingo de Cuaresma (p. 129)	*26 de marzo de 2023*
	22 de marzo de 2026
	18 de marzo de 2029
Domingo de Ramos (p. 134)	*2 de abril de 2023*
	29 de marzo de 2026
	25 de marzo de 2029
Pascua de Resurrección (p. 151)	*9 de abril de 2023*
	5 de abril de 2026
	1 de abril de 2029
Segundo domingo de Pascua (p. 161)	*16 de abril de 2023*
	12 de abril de 2026
	8 de abril de 2029
Tercer domingo de Pascua (p. 167)	*23 de abril de 2023*
	19 de abril de 2026
	15 de abril de 2029

Cuarto domingo de Pascua (p. 172)	*30 de abril de 2023*
	26 de abril de 2026
	22 de abril de 2029
Quinto domingo de Pascua (p. 177)	*7 de mayo de 2023*
	3 de mayo de 2026
	29 de abril de 2029
Sexto domingo de Pascua (p. 183)	*14 de mayo de 2023*
	10 de mayo de 2026
	6 de mayo de 2029
Ascensión del Señor (p. 188)	*21 de mayo de 2023*
	17 de mayo de 2026
	13 de mayo de 2029
Pentecostés (p. 193)	*28 de mayo de 2023*
	24 de mayo de 2026
	20 de mayo de 2029
Santísima Trinidad (p. 198)	*4 de junio de 2023*
	31 de mayo de 2026
	27 de mayo de 2029
Corpus Domini (p. 203)	*11 de junio de 2023*
	7 de junio de 2026
	3 de junio de 2029
Duodécimo domingo del tiempo ordinario (p. 208)	*25 de junio de 2023*
	21 de junio de 2026
	24 de junio de 2029

Decimotercer domingo del tiempo
ordinario (p. 213) *2 de julio de 2023*
28 de junio de 2026
1 de julio de 2029

Decimocuarto domingo del tiempo
ordinario (p. 218) *9 de julio de 2023*
5 de julio de 2026
8 de julio de 2029

Decimoquinto domingo del tiempo
ordinario (p. 223) *16 de julio de 2023*
12 de julio de 2026
15 de julio de 2029

Decimosexto domingo del tiempo
ordinario (p. 228) *23 de julio de 2023*
19 de julio de 2026
22 de julio de 2029

Decimoséptimo domingo del tiempo
ordinario (p. 233) *30 de julio de 2023*
26 de julio de 2026
29 de julio de 2029

Decimoctavo domingo del tiempo
ordinario (p. 238) *6 de agosto de 2023*
2 de agosto de 2026
5 de agosto de 2029

Decimonoveno domingo del tiempo
ordinario (p. 244) *13 de agosto de 2023*
9 de agosto de 2026
12 de agosto de 2029

Vigésimo domingo del tiempo
ordinario (p. 254) *20 de agosto de 2023*
16 de agosto de 2026
19 de agosto de 2029

Vigesimoprimer domingo del tiempo
ordinario (p. 259) *27 de agosto de 2023*
23 de agosto de 2026
26 de agosto de 2029

Vigesimosegundo domingo del tiempo
ordinario (p. 264) *3 de septiembre de 2023*
30 de agosto de 2026
2 de septiembre de 2029

Vigesimotercer domingo del tiempo
ordinario (p. 269) *10 de septiembre de 2023*
6 de septiembre de 2026
9 de septiembre de 2029

Vigesimocuarto domingo del tiempo
ordinario (p. 274) *17 de septiembre de 2023*
13 de septiembre de 2026
16 de septiembre de 2029

Vigesimoquinto domingo del tiempo
ordinario (p. 279) *24 de septiembre de 2023*
20 de septiembre de 2026
23 de septiembre de 2029

Vigesimosexto domingo del tiempo
ordinario (p. 284) *1 de octubre de 2023*
27 de septiembre de 2026
30 de septiembre de 2029

Vigesimoséptimo domingo del tiempo
ordinario (p. 290) *8 de octubre de 2023*
4 de octubre de 2026
7 de octubre de 2029

Vigesimoctavo domingo del tiempo
ordinario (p. 295) *15 de octubre de 2023*
11 de octubre de 2026
14 de octubre de 2029

Vigesimonoveno domingo del tiempo
ordinario (p. 299) *22 de octubre de 2023*
18 de octubre de 2026
21 de octubre de 2029

Trigésimo domingo del tiempo
ordinario (p. 304) *29 de octubre de 2023*
25 de octubre de 2026
28 de octubre de 2029

Trigesimosegundo domingo del tiempo ordinario (p. 314)	*12 de noviembre de 2023*
	8 de noviembre de 2026
	11 de noviembre de 2029
Trigesimotercer domingo del tiempo ordinario (p. 319)	*19 de noviembre de 2023*
	15 de noviembre de 2026
	18 de noviembre de 2029
Nuestro Señor Jesucristo, Rey del Universo (p. 324)	*26 de noviembre de 2023*
	22 de noviembre de 2026
	25 de noviembre de 2029
Inmaculada Concepción de la Bienaventurada Virgen María (p. 26)	*8 de diciembre de 2022*
	8 de diciembre de 2025
	8 de diciembre de 2028
Natividad del Señor (p. 41)	*25 de diciembre de 2022*
	25 de diciembre de 2025
	25 de diciembre de 2028
Fiesta de san Esteban (p. 45)	*26 de diciembre de 2022*
	26 de diciembre de 2025
	26 de diciembre de 2028
Epifanía del Señor (p. 61)	*6 de enero de 2023*
	6 de enero de 2026
	6 de enero de 2029

Presentación del Señor en el templo (p. 82)	*2 de febrero de 2023* *2 de febrero de 2026* *2 de febrero de 2029*
Miércoles de Ceniza (p. 103)	*22 de febrero de 2023* *18 de febrero de 2026* *14 de febrero de 2029*
Jueves Santo (p. 140)	*6 de abril de 2023* *2 de abril de 2026* *29 de marzo de 2029*
Viernes Santo (p. 145)	*7 de abril de 2023* *3 de abril de 2026* *30 de marzo de 2029*
Lunes del Ángel (p. 156)	*10 de abril de 2023* *6 de abril de 2026* *2 de abril de 2029*
Asunción de la Santísima Virgen María (p. 249)	*15 de agosto de 2023* *15 de agosto de 2026* *15 de agosto de 2029*
Todos los Santos (p. 309)	*1 de noviembre de 2023* *1 de noviembre de 2026* *1 de noviembre de 2029*

Fuentes

Un nuevo horizonte

Ángelus del 27 de noviembre de 2016

Un gran sí

Ángelus del 8 de diciembre de 2016

La verdadera alegría

Ángelus del 7 de septiembre de 2016; ángelus del 11 de diciembre de 2016

El Dios cercano

Ángelus del 18 de diciembre de 2016; ángelus del 20 de marzo de 2017

Tocar con la mano el amor del Padre

Ángelus del 3 de enero de 2016

Mártires, testimonios de luz y de verdad

Ángelus del 26 de diciembre de 2016

Comunidad de amor y reconciliación

Ángelus del 29 de diciembre de 2013

Una cercanía que no conoce fin
Ángelus del 5 de enero de 2014
Seguir la luz amable
Ángelus del 6 de enero de 2017
El atractivo de la apacibilidad y la humildad
Ángelus del 8 de enero de 2017
¡Este es el cordero de Dios!
Ángelus del 15 de enero de 2017
Un diálogo que cambia el corazón
Ángelus del 22 de enero de 2017
La esperanza en Dios no defrauda nunca
Homilía del 2 de febrero de 2017
Dar sabor a la vida con la fe
Homilía del 7 de junio de 2016; ángelus del 5 de febrero de 2017
Cristianos no de fachada, *sino de corazón*
Ángelus del 12 de febrero de 2017
La revolución *cristiana*
Homilía del 14 de junio de 2016; ángelus del 19 de febrero de 2017
Libres de la tiranía de la apariencia
Homilía del 19 de junio de 2013; homilía del 5 de marzo de 2014
Responder únicamente con la Palabra de Dios
Ángelus del 5 de marzo de 2017
Cruz, puerta de la resurrección

Ángelus del 18 de marzo de 2014; ángelus del 12 de marzo de 2017

El alma sedienta ante Jesús

Ángelus del 23 de marzo de 2014; ángelus del 19 de marzo de 2017

El camino de la ceguera a la luz

Ángelus del 30 de marzo de 2014; ángelus del 26 de marzo de 2017

Salgamos de la tumba de nuestros pecados

Ángelus del 6 de abril de 2014

¿Quién soy yo ante la cruz de Jesús?

Homilía del 13 de abril de 2014; homilía del 9 de abril de 2017

Un amor sin límites

Homilía del 10 de mayo de 2013; homilía del 3 de mayo de 2015; homilía del 18 de mayo de 2017

No os dejo huérfanos, os doy una madre

Homilía del 15 de septiembre de 2015; homilía del 15 de septiembre de 2017

¡Detente, el Señor ha resucitado!

Homilía del 16 de abril de 2017

¡El sepulcro no tiene la última palabra!

Regina Coeli del 17 de abril de 2017

La misericordia es una forma de conocimiento

Regina Coeli del 23 de abril de 2017

Palabra de Dios y eucaristía nos llenan de gozo

Regina Coeli del 4 de mayo de 2014
El pastor da su vida
Regina Coeli del 11 de mayo de 2014
El camino de la esperanza
Homilía del 22 de abril de 2016; homilía del 3 de mayo de 2016
Aprender el arte de amar
Regina Coeli del 21 de mayo de 2017
La tarea de la Iglesia
Regina Coeli del 28 de mayo de 2017
Con la libertad del Espíritu Santo
Regina Coeli del 8 de junio de 2014
El amor que es Dios
Ángelus del 15 de junio de 2014; ángelus del 11 de junio de 2017
Un don sin medida
Ángelus del 22 de junio de 2014
La misión no se caracteriza por la tranquilidad
Ángelus del 25 de junio de 2017
Un corazón transparente
Ángelus del 2 de julio de 2017
Jesús no nos quita la cruz, nos ayuda a llevarla
Ángelus del 9 de julio de 2017
Purificar nuestro corazón
Ángelus del 16 de julio de 2017
Imitemos la paciencia de Dios

Ángelus del 20 de julio de 2014; ángelus del 23 de julio de 2017

El tesoro es Jesús

Ángelus del 27 de julio de 2014

Compasión, compartir, eucaristía

Ángelus del 3 de agosto de 2014

En la barca de la Iglesia

Ángelus del 13 de agosto de 2017

El poder de la humildad

Ángelus del 15 de agosto de 2017

El valor de la oración

Ángelus del 20 de agosto de 2017

Un corazón firme como una roca

Ángelus del 24 de agosto de 2014; ángelus del 27 de agosto de 2017

No hay amor verdadero sin sacrificio

Ángelus del 3 de septiembre de 2017

La corrección fraternal

Ángelus del 7 de septiembre de 2014

Una misericordia sin límites

Ángelus del 17 de septiembre de 2017

Dios no excluye a nadie

Ángelus del 24 de septiembre de 2017

Una Iglesia pobre y humilde que confía en el Señor

Homilía del 15 de diciembre de 2015; homilía del 13 de diciembre de 2016

El vino nuevo de la misericordia
Ángelus del 8 de octubre de 2017
La Iglesia es grande como el reino de Dios
Ángelus del 12 de octubre de 2014
La pertenencia fundamental
Ángelus del 22 de octubre de 2017
El rostro del Padre y el rostro del hermano
Ángelus del 26 de octubre de 2014
No superhombres, sencillamente santos
Ángelus del 1 de noviembre de 2017
Vivir cada día como si fuera el último
Ángelus del 12 de noviembre de 2017
Que los dones de Dios den fruto
Ángelus del 16 de noviembre de 2014
Seremos juzgados por el amor
Ángelus del 26 de noviembre de 2017

Citas bíblicas

Nota de redacción. Las citas de la Biblia están tomadas de la traducción oficial de la Conferencia Episcopal Española de 2012. En algunos casos se han introducido leves variantes para adecuarlas al texto. Los versículos que aparecen en negrita en el índice son los de las lecturas en que se basan las reflexiones del papa Francisco y los padres de la Iglesia, mientras que el resto son fuentes para comentar o cotejar con los primeros. Los versículos contenidos en los capítulos para comentar una lectura no están indizados singularmente.

Antiguo Testamento